门萨智力
大师

门萨逻辑游戏

MENSA LOGIC BRAINTEASERS

【英】菲利普·卡特 【英】肯·拉塞尔 著

丁大刚 译

华东师范大学出版社

图书在版编目（CIP）数据

门萨逻辑游戏／(英)卡特,(英)拉塞尔著；丁大
刚译.—修订本.—上海:华东师范大学出版社,
2015.12
ISBN 978-7-5675-4517-5

Ⅰ.①门… Ⅱ.①卡… ②拉… ③丁… Ⅲ.①智力游
戏 Ⅳ.①G898.2

中国版本图书馆 CIP 数据核字(2016)第 004646 号

上海市版权局著作权合同登记　图字:09-2012-684 号

门萨智力大师系列
门萨逻辑游戏

著　　者　[英]菲利普·卡特　[英]肯·拉塞尔
译　　者　丁大刚
项目编辑　陈　斌　许　静
审读编辑　王风扬
特约编辑　周　洁
装帧设计　李　佳

出版发行　华东师范大学出版社
社　　址　上海市中山北路 3663 号　邮编 200062
网　　址　www.ecnupress.com.cn
电　　话　021-60821666　行政传真 021-62572105
客服电话　021-62865537　门市(邮购)电话 021-62869887
门市地址　上海市中山北路 3663 号华东师范大学校内先锋路口
网　　店　http://hdsdcbs.tmall.com/

印　刷　者　宁波市大港印务有限公司
开　　本　890×1240　32 开
印　　张　7
字　　数　175 千字
版　　次　2016 年 5 月第 2 版
印　　次　2022 年 2 月第 8 次
书　　号　ISBN 978-7-5675-4517-5/G · 8923
定　　价　39.00 元

出 版 人　王　焰

(如发现本版图书有印订质量问题,请寄回本社客服中心调换或电话 021-62865537 联系)

MENSA
门萨高智商俱乐部

　　门萨（MENSA）的组织成员有一个共同特征：智商在全世界排名前2%。单在美国，共有超过5万名的门萨成员认识到了他们的出众才智，但还有450万人对自己的潜能一无所知。

　　如果您喜欢智力测试，可以在这套"门萨智力大师系列"中找到很多很好的训练题。相信您最终会成为2%中的一位，或许您会发现自己已是其中一名。

　　您是一个爱交往的人吗？或者是否想结识与您志趣相投的人？如果是的话，请加入到门萨的智力训练和讨论中来吧。在门萨几乎每天都会有新鲜话题，所以您有的是机会和别人交流，结交新的朋友。不管您的爱好如猜字谜般寻常还是似古埃及学般玄秘，在门萨的特殊兴趣群体中您总能找到志同道合的伙伴。

　　快来挑战自己吧！看看您到底有多聪明！我们始终欢迎新成员携他们的新思路融入到我们的高智商群体中。

门萨国际部地址：

Mensa International

15 The Ivories, 628 Northampton Street

London N1 2NY, England

耀眼的钻石

请将这块钻石分割成形状相同的四部分。要求每部分都包含下列五种符号各一个。

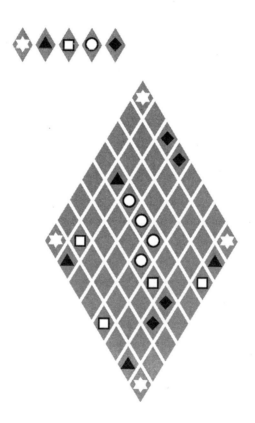

答案编号 21

调皮的三角

根据下列三图的递变规律，找出下一幅图应该是 A、B、C、D、E 中的哪一幅？

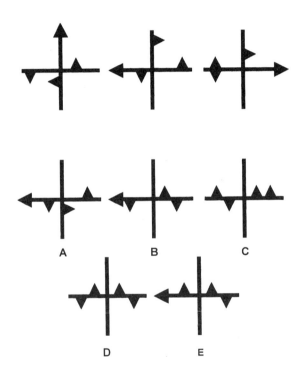

漫步机器人

　　科学家们制造出一个机器人，取名"漫步者号"，并为它设计了一个简单的程序使之能穿越马路。程序如下：

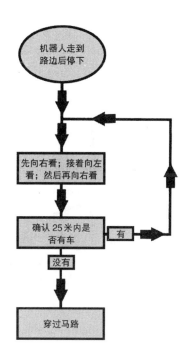

　　他们在英国做了一次实验：让机器人穿越一条较为空旷的马路（非单行道）。可是由于科学家们的技术失误，使它足足花了8小时才穿过这条路。你知道是哪里出了错吗？

答案编号 **20**

3个圆圈

画 3 个标准的圆。要求每个圆都能包住一个椭圆，一个正方形和一个三角形（统称三要素）。但是任意两圆中包住的三要素位置上不能完全相同。

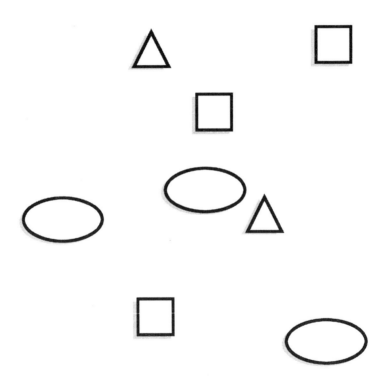

真假金币

大多数辨认真假金币的谜题中，使用的都是有两个托盘的平衡式天平，一个物体的重量要和另一个托盘上的物体比较后才能得出。但在本题中，你的天平只有一个托盘。

现给你三大袋金币，每袋金币的数量是不确定的。其中一袋装的全是假币，每个重55克；另两袋装的则是每个重50克的真币。

请问最少操作几次天平，你才能确定找出那袋假币？

对号入座

在某校，男生都坐在编号为 1 ~ 5 的座位上，女生们坐在他们对面，编号为 6 ~ 10。现已知：

1. 正对 1 号男生的那个女孩坐在菲奥纳旁边

2. 菲奥纳和格蕾斯间隔了两个座位

3. 希拉里坐在科林对面

4. 埃迪正对的那个女孩坐在希拉里旁边

5. 如果科林不在他那排的当中，那就是艾伦坐在那儿

6. 大卫坐在比尔旁边

7. 比尔和科林间隔了两个座位

8. 菲奥纳和英迪拉中的一个坐在女生排中间

9. 希拉里和珍妮间也隔了两个座

10. 大卫坐在格蕾斯对面

11. 艾伦正对的那个女孩坐在珍妮旁边

12. 科林不坐在 5 号桌

13. 珍妮不坐在 10 号桌

你能推测出这些学生分别坐哪里吗?

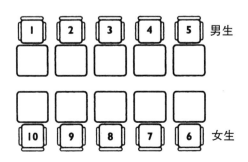

眉目传情

根据以下 5 张图的递变规律，找出下一幅图应该是 A、B、C、D、E 中的哪一幅？

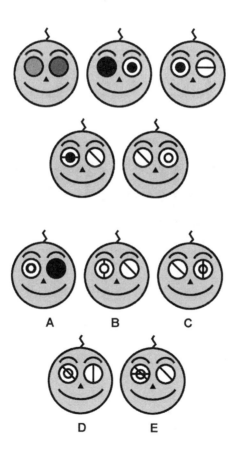

趣味图形

根据以下 5 张图的递变规律，找出下一幅图应该是 A、B、C、D、E 中的哪一幅？

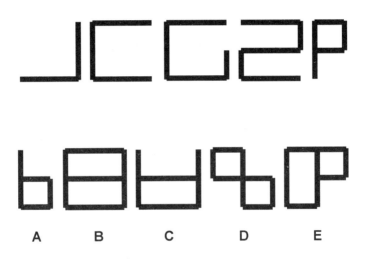

圆圈里的交汇

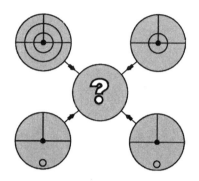

如图所示，外围 4 个圆里的每条线和每个小图形要在中间的圆中出现，必须遵循几条规则。

规则如下：如果这条线或这个小图形在外围 4 圆中出现 1 次，它一定会被转入中间的圆中；出现 2 次，它有可能被转入；出现 3 次，它一定会被转入；出现 4 次则一定不会被转入。

请问下列 5 个圆中哪个该出现在中间的位置？

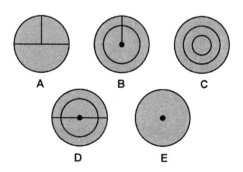

射击场竞赛

　　三个军队里的神枪手：普里森上校、艾米少校和法尔将军在射击场打靶。打完后每个人拿着自己的靶纸，各说了三句话。

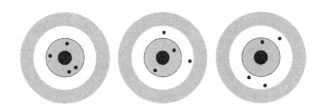

上校普里森：　我一共打了 180 环

　　　　　　　比少校少 40 环

　　　　　　　比将军多 20 环

少校艾米：　　我不是打得最差的

　　　　　　　我和将军间的环数相差 60

　　　　　　　将军打了 240 环

将军法尔：　　我打得环数比上校少

　　　　　　　上校打了 200 环

　　　　　　　少校比上校少 60 环

已知他们的话中都有一句是错的，你能得出他们各自的环数吗？

奥古斯大陆

在奥古斯大陆上住着三大家族

"讲真话"家族：住在六角形房子里，总是讲真话。

"撒谎"家族：住在五边形房子里，只会讲假话。

"转变"家族：住在圆形房子里，他们的特点是一旦话说出口，就要说到做到。

某天早晨三大家族中的90位族员被平均分成三组集中在一座城市中。三大组中一组组员来自同一家族；一组组员来自两大家族且两家族各占一半，最后一组由三大家族共同构成且三家族各占三分之一。现将三组随机编号。

第一组组员都称自己是"讲真话"家族的。

第二组组员说："我们全是撒谎家族的。"

第三组组员则声明他们中除了"转变"家族的，没有其他族员了。

那么请问当天晚上这90人中有多少是睡在五边形房中？

答案编号 **12**

奇幻数字

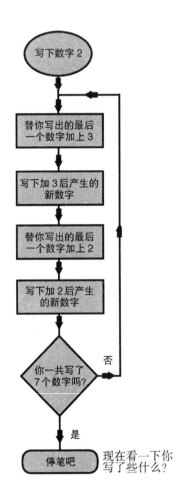

写下数字 2

替你写出的最后一个数字加上 3

写下加 3 后产生的新数字

替你写出的最后一个数字加上 2

写下加 2 后产生的新数字

你一共写了 7 个数字吗？

否

是

停笔吧

现在看一下你写了些什么？

答案编号 **7**

妙选电话亭

一个新来的修理工正准备去修电话。在他的包干区有 15 个电话亭。负责人告诉他在前 8 个电话亭中有 5 个的电话是坏的。为了测试他的修理水平，负责人要求他先修其中的一个。

那个新来的修理工便径直走向了第 8 间亭子，请问他为什么可以这么做？

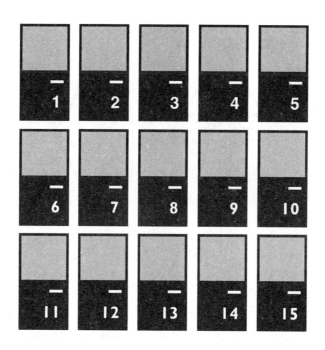

答案编号 4

和谐之美

观察上述 3 个六边形，根据你发现的规律找出下一幅图应该是 A、B、C、D 中的哪一幅？

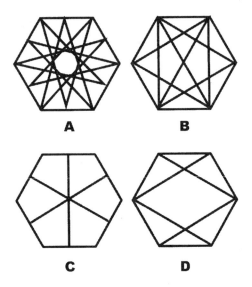

鏖战赌城

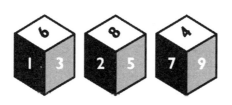

三位赌博好手——"毁灭之王","疤面煞星"和"吉祥小子"在拉斯维加斯相遇了。他们决定用六面骰子赌一把比大小的游戏。但玩法和平常的不一样，有一些特殊规则：

1. 每个玩家选择自己骰子上的数字
2. 选择的范围是从 1 到 9，但不准选两个连续的数字
3. 在骰子的六个面上写出自选的三个不同数字，每个数字写两面。要求六数之和为 30。

此外，还规定任意两玩家骰子上的数不能完全相同。经过长时间的较量后，结果是三个人两两相克。"毁灭之王"胜了"疤面煞星"；"疤面煞星"又胜了"吉祥小子"；而"吉祥小子"最后又胜了"毁灭之王"。请问他们是如何做到的？

答案编号 1

各怀鬼胎

四名嫌疑人——杰克·维休斯、西德·斯福特、阿尔夫·马金和吉姆·彭斯在凶杀现场接受审讯。每个人都被问了一个问题。他们的回答如下：

杰克·维休斯："西德·斯福特是凶手。"

西德·斯福特："吉姆·彭斯才是凶手。"

阿尔夫·马金："我没有杀人。"

吉姆·彭斯："西德·斯福特在说谎。"

已知这四个人中只有一人说了真话。请问凶手是谁？

活力小狗

拉塞尔·卡特和他的宠物狗点点住在澳大利亚一个偏僻遥远的牧场里。每星期他都会带着他的狗出去散几次步，他们通常会走得很远。一天早上拉塞尔牵着点点从家出发，以恒定的每小时 4 英里的速度走了 10 英里。然后他们顺原路折返。拉塞尔在返程开始时没有再牵住他的狗，点点立刻以每小时 9 英里的速度独自向家跑去。当它到达牧场后，又转身跑向它的主人——此刻仍以每小时 4 英里的速度行进的拉塞尔。当狗遇见它的主人后，便又一次回头飞奔向牧场，并保持着它每小时 9 英里的速度。这个过程一直重复下去直到拉塞尔回到牧场和它的狗一起进入。请注意在整个返回路程中，点点和拉塞尔各自的速度不变，分别为每小时 9 英里和每小时 4 英里。

你能算出从返程开始时小狗被主人松开到它和主人一起进入牧场的整个过程中小狗一共跑了几英里吗？

庄园里的仆人

在英国乡村，坐落着一个非常传统的庄园。庄园里共有 5 位仆人各司其职，他们的爱好不同，休息时间也不一样。

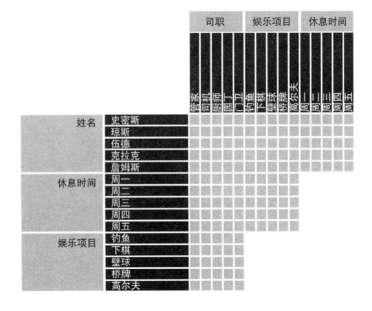

已知如下：

1. 周二休息的仆人通常会去打高尔夫，但那人不是门卫克拉克。

2. 琼斯不是管家，而管家喜欢玩壁球。

3. 伍德周三休息，他既不是管家也不是园丁。

4. 詹姆斯是厨师，他周四不休息；史密斯周四也不休息。

5. 周一休息的人要打桥牌；司机不爱下棋；詹姆斯周二也不休息。

请根据上述信息在下面的表格中准确填出五位仆人的姓名，所司职位，爱好和休息时间。

姓名	职位	爱好	休息时间

寻房觅友

　　我朋友阿奇博尔德刚搬进了一条新街——那条街很长，一共有 82 幢房子坐落其中，它们都依次编了号。为了找出我朋友的门牌号，我问了他三个只需回答是或否的问题。他的回答我暂时保密，只需告诉你问题是什么。因为答案是唯一的，如果你能解决下面的三个问题，自然就能知道我朋友的门牌号了。

　　问题一：你的门牌号小于 41 吗？

　　问题二：你的门牌号能被 4 整除吗？

　　问题三：你的门牌号是完全平方数吗？

　　现在您能得出我朋友的门牌号是多少吗？

城镇大钟

从我家的窗口往外看，可以看到镇上的大钟。每天我都要将壁炉架上的闹钟按照大钟上的时间校对一遍。通常情况下，两者的时间是一样的，但有一天早上，发生了一件奇怪的事：一开始我的闹钟显示为9点缺5分；1分钟后显示为9点缺4分；再过2分钟时，仍显示为9点缺4分；又过了1分钟，显示时间又变回9点缺5分。

一直到了9点整，我才突然醒悟过来，到底是哪里出了错。你知道是什么原因吗？

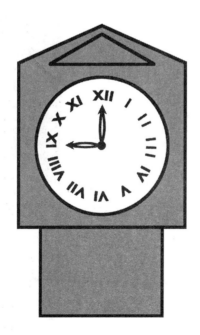

答案编号 **3**

希尔斯摩天楼

　　美国希尔斯百货公司的国际总部位于伊利诺斯州芝加哥市的希尔斯大厦内。该大厦是全球最高的办公楼，人们更愿意称它希尔斯塔。已知它比它自身的一半还高出 225 米。请问希尔斯塔的高度是多少？

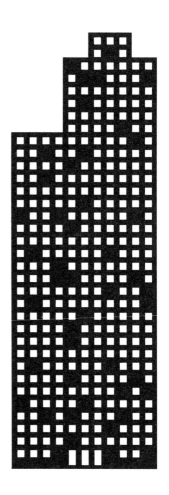

答案编号 11

日本旅馆

在日本长崎一家旅馆的玻璃门上贴着如下字样：

PHUSLUL9

这是什么意思？

答案编号 **22**

分粥里的学问

一个狱卒负责看守人数众多的囚犯。吃饭分粥时，他必须安排他们的座位。入座的规则如下：

1. 每张桌子上坐的囚犯人数要相同。

2. 每张桌子所坐的人数必须是奇数。

在囚犯入座后，狱卒发现：

每张桌子坐 3 人，就会多出 2 人；

每张桌子坐 5 人，就会多出 4 人；

每张桌子坐 7 人，就会多出 6 人；

每张桌子坐 9 人，就会多出 8 人；

但当每张桌子坐 11 人时，就没有人多出来了。

请问一共有多少个囚犯？

择友篇

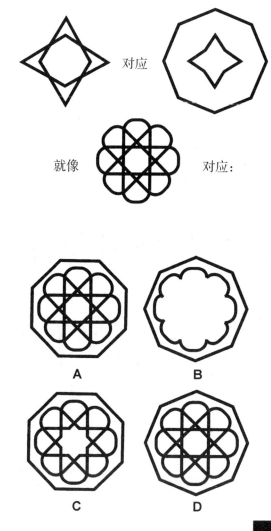

对应

就像   对应：

A   B

C   D

阿尔加威的聚会

在葡萄牙靠近西班牙边境的阿尔加威省的东面，有这样一座小城——它的道路布局被设计成正方形的网格状，就像美国的曼哈顿。（这种道路系统最早可以追溯到古希腊。）

现在在这座城内 7 个不同的路口处，住着 7 位朋友（以 "○" 标示）想聚在一起喝杯咖啡。

请你在地图上制定一个路口作为他们的集合地，要求能让所有人走得总路程最短。

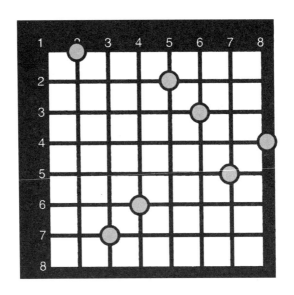

答案编号 **31**

圆圈的创新

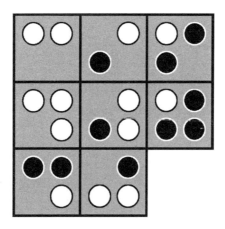

看清每行和每列图形的不同排列。缺失的那个正方形应该是下列 8 个中的哪一个?

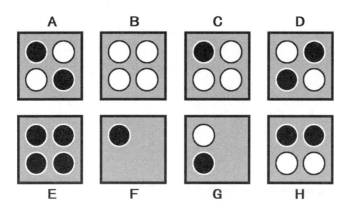

答案编号 35

银河系大会

共有 5 对外星夫妇来到地球参加本届银河系大会。他们乘着不同的飞船降落在事先安排好的 5 个连续的港口中。为便于识别，男性以 M 标记，并在该字母后跟一个奇数。女性以 F 标记，并在其后跟一个偶数。每对外星夫妇都有独特的特征，而且他们各自准备了不同的议题。开会时，每对夫妇彼此间挨着坐在会议厅中 5 对预先摆好的双排座上。

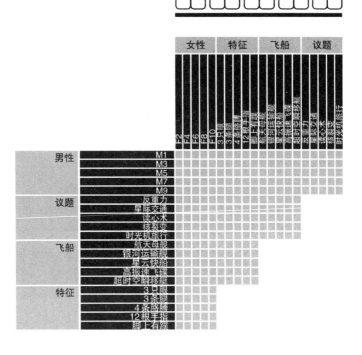

已知情况如下：

1. M1 先生坐的是超时空瞬移艇，他正准备着时光机旅行的议题。

2. 做读心术报告的夫妇有 4 条胳膊，他们的星云快船停在高振速飞碟和航天母舰之间。

3. F6 夫人坐在左起第二对座位中，她正对坐在她旁边的另一个夫妇说："我丈夫 M3 和我刚发现你们有 3 条腿。"

4. F4 夫人很喜欢那艘银河运输舰。该舰的主人正坐在她旁边的一对座位上，他们每人有 3 只眼。

5. F8 夫人的丈夫在用他的 12 根手指翻着他的时光机旅行报告。

6. M5 先生坐的是 5 对椅子中的中间那对。他正和他旁边那对座位上的 F10 夫人说："坐你另一边的那对脚上长蹼的夫妇有一艘航天母舰。"

7. M7 先生和 F2 夫人正在研究他们关于反重力的议题。F6 夫人的丈夫正在看他关于核分裂的报告。

请问谁是 M9 先生的夫人以及做核分裂报告的那位丈夫又是谁？

男/女									
议题									
飞船									
特征									

碎片定位

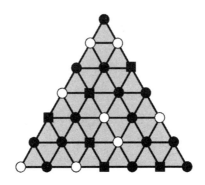

　　将下面的 12 块碎片以某种方式拼接后就形成了上面所画的三角形阵。每块碎片都处在自己独特的位置，互不重叠。而且拼接时碎片摆放后的形状要求和下面画的形状一致，即不能旋转，只能平移。值得注意的是：阵中碎片覆盖了所有的连接点，但并不覆盖所有的连接线。

　　请你给 12 块碎片定位。

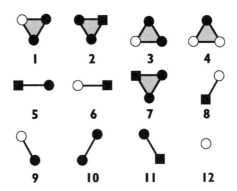

手指问题

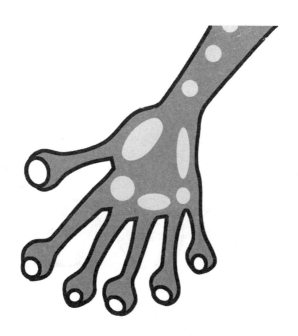

一群外星人聚在一间房中。已知每个外星人的每一只手上，都有不止一个手指；但他们每个人的手指总数一致；又已知任意一个外星人每只手上的手指数量也不相同。现在如果告诉你房间里外星人的手指总数，你就可以知道外星人一共有几个了。

假设这个房间里外星人的手指总数在 200—300 之间，请问房间里有共有几个外星人？

答案编号 **24**

猜数字

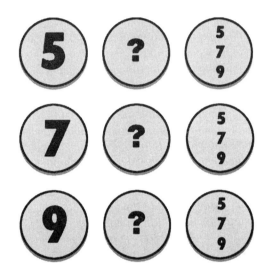

　　阿纳斯塔西娅正想着一个介于99和999之间的数字。这时，贝琳达问她该数字是否低于500，阿纳斯塔西娅回答说"是"；贝琳达又问，该数字是否是一个平方数，得到的回答也是"是"；当被问到该数是否为一个立方数时，阿纳斯塔西娅还是回答说"是"。然而，她所回答的三次中，只有两次是正确的。好在阿纳斯塔西娅后来又诚实地告诉贝琳达说，该数字的首位数和末位数是5，7或9。你能猜出这个数字是多少吗？

年龄调查

一位人口普查员来到某户人家，迎接他的是一位中年妇女，她生了三个女儿。当普查员询问这三个女孩的年龄时，这位妇女有意卖关子，说："如果你将她们的年龄相乘，得数是 72；但如果将她们的年龄相加，那又碰巧是我家的门牌号码了。你可以自己去看看。"

人口普查员想了想，说道："要推算出她们年龄，这些信息恐怕还不够。"

这位妇女又说："那好吧，还可以告诉你我大女儿有一只猫，其中一只脚是木头做的。"

人口普查员笑道："哈！现在我知道她们的年龄了。"

你知道了吗？

答案编号 42

纪念树

在当地，每年会有一个运动员俱乐部派出一名成员在他们小镇的主干道旁种一棵纪念树，不同的俱乐部按年份轮换。如今在他们种的每棵树上都已有一只小鸟筑起了巢穴。已知：

1. 乌鸦住在山毛榉树上。

2. 在高尔夫俱乐部种树两年后，另一个俱乐部种下了一棵酸橙树。

3. 保龄球俱乐部种的树上住着一只知更鸟，那棵树的旁边是一棵足球俱乐部种的树。

4. 吉姆在 1971 年种下了属于他俱乐部的纪念树。

5. 德斯蒙德在 1974 年种了一棵白杨树，现在那里住着一只八哥。

6. 托尼种的山毛榉树在所有树的中间。

7. 比尔种的树在一棵白腊树的旁边，他的树上住着猫头鹰。

8. 最右端的那棵树是 1974 年由足球俱乐部种下的。

9. 有棵榆树是 1970 年种下的。

10. 1972 年轮到网球俱乐部种树。

11. 1970 年轮到壁球俱乐部种树。

12. 知更鸟住的那棵树是西尔威斯特在 1973 年种下的。

13. 吉姆种的树上住着乌鸫。

根据上述信息，请你按下表填出在哪一年由哪一俱乐部派出了哪名成员种了一棵什么树，树上住着哪种鸟。

树					
种树人					
俱乐部					
鸟					
年份					

俱乐部难题

网球俱乐部共有 189 名成员：其中男性成员 140 名。另外统计得到有 8 人加入时间不到 3 年；11 人的年龄小于 20；70 人戴眼镜。

现在请你估计加入时间不小于 3 年，年龄不小于 20 的戴眼镜的男性成员最少有几人？

谁更多

唐纳德和斯宾塞被当地管委会临时雇用为树木养护工，他们的具体工作是修剪一条林荫道两旁的行道树。已知该林荫道两边的树数目相等。上岗那天，唐纳德先到。直到他剪完了右边的3棵树，斯宾塞才姗姗来迟。不幸的是唐纳德被告知左边才是他的包干区。于是他只好重新从左边开始剪，而斯宾塞则接手了唐刚做的活儿继续往下干。当斯宾塞剪完了右边所有的树后，他便穿过林荫道来到唐纳德的工作区帮他剪完了剩下的6棵树。

请问最后谁剪的树较多，多多少？

答案编号 **41**

贴瓷砖

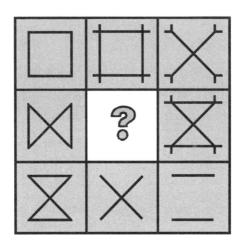

墙上的瓷砖少了一块，请你根据其上的图案规律在下面的备选材料中挑出正确的贴上。

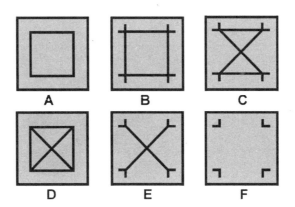

A   B   C

D   E   F

宠物狗秀

在今年的宠物狗秀上出现了戏剧性的一幕：前来参加比赛的四兄弟——安迪，比尔，科林和唐纳德，每人手里都牵着两条狗。更奇怪的是他们都用彼此的姓名给各自的狗起名。结果共有两条狗叫安迪，两条叫比尔，两条叫科林，剩下两条叫唐纳德。

在8条狗中，有3条考杰狗，3条拉布拉多猎狗以及2条达尔马提亚狗。四兄弟没有一人有两条同种属的狗。同种属的狗也不会有相同的名字。另外安迪的狗中没有叫唐纳德的，科林的狗中没有叫安迪的。而考杰狗中没有叫安迪的，拉布拉多猎狗中没有叫唐纳德的。最后比尔的狗中没有拉布拉多猎狗。

现在请你告诉我两条达尔马提亚狗的名字以及它们的主人分别是谁？

手帕上的挑战

查理在酒吧向本挑衅道："我口袋里有块普通的手帕，现在把它放在地上，你我二人面对面地站在它的两个对角上。不准撕扯和剪切手帕，也不能移动它。我打赌如果你不离开手帕的话，就绝对碰不到我！"

你觉得这可能吗？

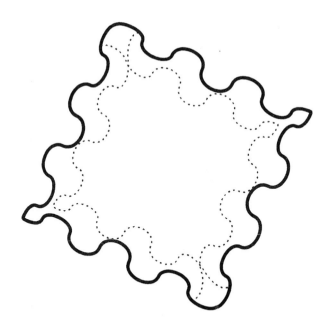

鼠笼迷宫

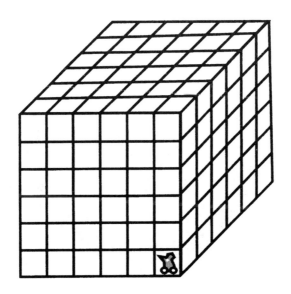

上图的大笼子由 216 个开放的小室组成。一只电子鼠被放在笼子右下角如图所示的小室内。你可以通过远程控制来移动它。规定电子鼠左右移动时，每次移三步；上下移动时，每次移两步（一步对应一个小室）。

你能设法让它到达鼠笼里最中间的那个小室吗？如果可以，那电子鼠最少需走几步？

答案编号 **27**

轮盘赌

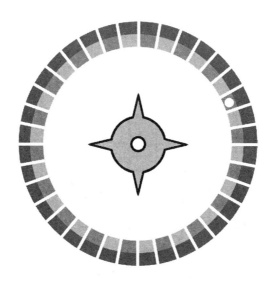

　　各位，我正在玩轮盘赌。如你们所见，盘上共有 36 个小槽，分别标着 1 ~ 36 的号码。而刚才盘上的小球幸运地停在了我选的数字上。这个数是个奇数，它能被 3 整除。如果把组成该数的数字相加或相乘，得数都在 4 ~ 8 之间。

　　你能猜出我的幸运数字吗？

加薪的诱惑

某公司为鼓励职工生产向工会代言人提供了两个加薪方案，要求他从中选择一个。

第一种方案是 12 个月后，在年薪 20000 元的基础上每年提高 500 元；

第二种方案是 6 个月后，在半年薪 10000 元的基础上每半年提高 125 元。

但不管是选哪一种方案，公司都是每半年发一次工资。

你觉得工会代言人应向职工推荐哪一种方案更合适？

有章可循

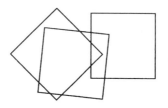

在下列四个备选图形中，除了都是三个正方形的组合外，只有一个有和上述样图一样的特征。请试着找出该特征并选出符合该特征的图形。

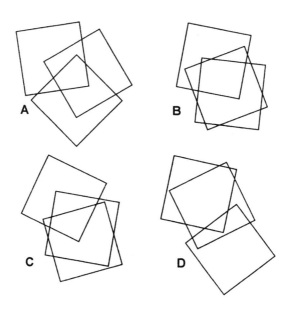

酒桶鉴酒师

一位葡萄酒商有 6 个酒桶，容量分别为 30 升、32 升、36 升、38 升、40 升和 62 升。

其中五桶装着葡萄酒，一桶装着啤酒。第一位顾客买走了两桶葡萄酒；第二位顾客买走的葡萄酒是第一位顾客的两倍。请问，哪一个桶是装啤酒的？

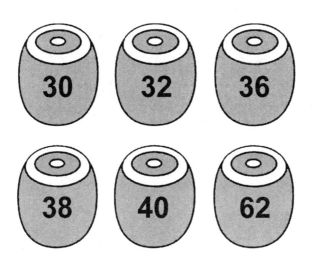

答案编号 **26**

圆桌会议

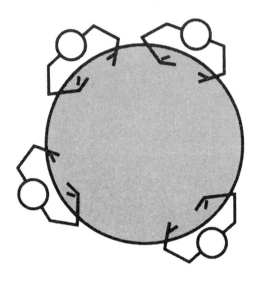

如图所示：会议开始前已有4人入座了，请你选择一个地方坐下，但你坐的地方要求沿桌子边缘到那4个人的距离总和最大。

数字定位

	14	10	7
9	6		4
16		13	11
12	8	5	15

　　在你看到的这个 4×4 的方格中，我们预先填入了 4 ~ 16 这 13 个数字。尽管它们看似随机分布，实际却遵循着两条简单的规则。请先找出规则，然后把剩下的 1，2，3 三个数字正确填入。

答案编号 **44**

选课时间

3个大学生——安妮，贝斯和凯迪丝，每人都要选4门课。已知在物理，代数，英语，历史，法语和日语这6门课中，每门课都有两个人选了。

安妮：　如果我选了代数，那也一定会选历史；

如果我选了历史，就不选英语；

如果我选了英语，就不选日语。

凯迪丝：如果我选了法语，就不选代数；

如果我不选代数，就会选日语；

如果我选了日语，就不选英语。

贝斯：　如果我选了英语，那也一定会选日语；

如果我选了日语，就不选代数；

如果我选了代数，就不选法语。

你知道她们每个人选的课吗？

	安妮	贝斯	凯迪丝
物理			
代数			
英语			
历史			
法语			
日语			

名不副实

"马车夫"先生，"管家"先生，"牧羊人"先生和"猎手"先生一起去应聘马车夫，管家，牧羊人和猎手这四份工作。结果没有一个人得到的工作和他的名字相关。找到工作后，他们各说了一句话：

1. "马车夫"先生去当猎手了。
2. "牧羊人"先生被聘为马车夫。
3. "管家"先生没有当猎手。
4. "猎手"先生没有被聘为管家。

按照他们所说的，"管家"先生应该得到了管家的工作，但这显然不对。已知四句话里有三句是假的。请问最后谁当了牧羊人？

名不随姓

3位分别姓彼得斯，爱德华兹和罗伯茨的先生正在打高尔夫球。打到一半时，彼得斯先生突然说道他才发现他们3人的名字居然也很巧的是彼得，爱德华与罗伯特。"是啊，"另一个人紧随其后："我早就发现了，但我们当中没有一人的姓和他的名字是一样的。就拿我来说，我的名字叫罗伯特。"

这三位球手的全名是怎样的呢？

码头钓鱼人

　　5个正在沿海旅馆度假的人决定去码头钓鱼。他们在码头毗邻而坐，每人用的是不同的鱼饵，钓得的鱼数也不同。

　　已知：

　　1. 水管工人亨利比狄克少钓1条鱼。

　　2. 电工坐在银行家的旁边，用面包作鱼饵。

　　3. 坐在码头最北端的是银行家，他的旁边坐着佛瑞德。

　　4. 推销员坐在最南端，他只钓到1条鱼。

　　5. 马尔科姆用玉米粒做鱼饵，5人中有个奥兰多人钓了15条鱼。

　　6. 纽约人用小虾做鱼饵，他就坐在那个只钓到1条鱼的人旁边。

　　7. 乔来自洛杉矶，他用蚯蚓做鱼饵。

　　8. 坐在5人中间的来自图森，他用蛆做鱼饵。

　　9. 银行家钓了6条鱼。

　　10. 狄克坐在5人中间，他离来自圣路易的人有两个位子远。

　　11. 纽约人旁边坐着一位教授，他钓了10条鱼。

　　12. 亨利没有坐在乔旁边。

请你确认那 5 个人分别来自哪里，他们各自的职业，所用的鱼饵以及钓到的鱼数。

	北		码头		南
姓名					
职业					
来自（城市）					
鱼饵					
鱼数					

答案编号 **54**

啤酒爱好者

一个男子能在 27 天内喝完一桶啤酒，一个女子则需 54 天。

假设他们现在以各自的速度开始喝同一桶酒，请问喝完那桶酒得用多少天？

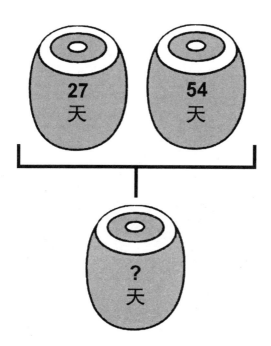

胜者赢钱？

比尔和吉姆在玩斯诺克。玩到一半时，比尔说道："我们接下去的每一盘都赌点钱如何，再玩 10 盘，每盘的赌金以你口袋里的一半钱为准。你现在有 8 美元，那我们第一盘就赌 4 美元。谁赢了，对手就得掏钱。根据规则，第二盘开始你要么有 12 美元，要么就是 4 美元。那样的话，我们第二盘不是赌 6 美元就是赌 2 美元。依此类推……"

吉姆答应了比尔的条件。10 局过后，比尔 4 胜 6 负。但吉姆发现他口袋里只剩 5.70 美元，也就是说他输了 2.30 美元。这怎么可能？

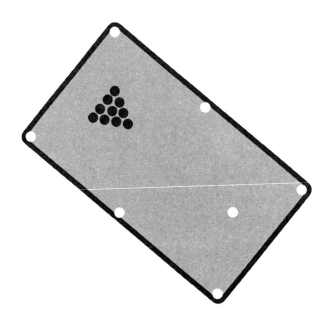

快乐教学

在一所中学里，每名学生都有自己中意的理论知识课与体育课。现从 5 个班中随机抽出 5 名女生，已知：

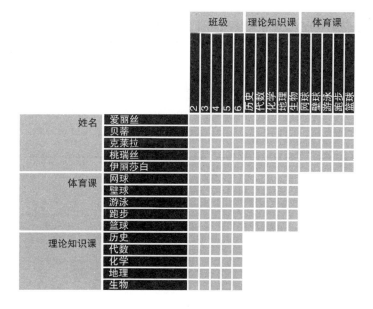

1. 喜欢壁球课的女生还喜欢代数课，不过她不在 5 班。

2. 桃瑞丝在 3 班，而贝蒂喜欢跑步课。

3. 喜欢跑步课的女生在 2 班。

4. 喜欢游泳课的女生在 4 班，另外伊丽莎白喜欢上化学课。

5. 爱丽丝在 6 班，她喜欢壁球课但讨厌地理课。

6. 喜欢化学课的女生也喜欢篮球课。

7. 喜欢生物课的女生也喜欢跑步课。

8. 克莱拉喜欢历史课，但不喜欢网球课。

请按下表填出哪个班的哪个女生喜欢什么理论知识课和什么体育课。

姓名	班级	理论知识课	体育课

空间夹角

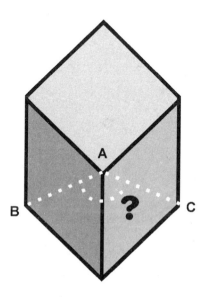

如图所示：在立方体的两个面上划出了两条对角线。请试着用你的空间想像力算出对角线 AB 和 AC 间的夹角是多少？

答案编号 62

钟面拼图

　　墙上的挂钟掉在地上，摔成了三片。巧得是每一片碎片上的数字总和都相等。你能猜出每片碎片上的数字吗?

答案编号 **51**

提前下班后

　　一位女士通常在 5:30 下班，然后去超市购物。买完东西她能赶上 6:00 的列车。列车开到她家所在的车站需要半小时。而她的丈夫每天从家出发开车去车站接她回家。两人约好 6:30 在车站见面，也就是说那位女士的丈夫在她刚下车的同时也正好到达车站。

　　一天该女士提前 5 分钟下班，她没有去超市，而是径直走到了车站，恰好乘上了 5:30 的列车。这样才 6:00 的时候，她就到站了。由于她丈夫还是按往常的时间出发，所以不可能在车站碰面。那位女士便开始步行回家。途中遇见她丈夫后，两人再一起坐上了车。结果那天的到家时间比平时早了 10 分钟。

　　假设每班列车都准时到站，准时出发。求那位女士在遇见她丈夫前已经走了多少时间？

慧眼识错

图中 9 个编号为 1A ~ 3C 的正方形是由与之分别对应的上左两侧的模板正方形 A，B，C，1，2，3 叠合而成的。例如：正方形 2B 是由它左边的模板 2 和上面的模板 B 叠合在一起形成的。

已知 9 个正方形中有 1 个在叠合时出了错，你知道是哪一个吗？

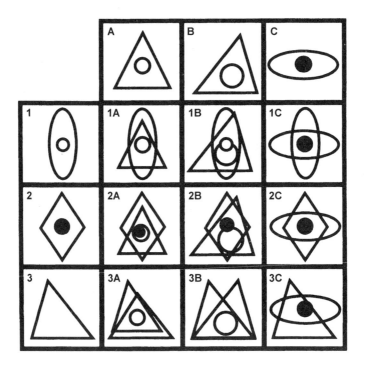

父女情深

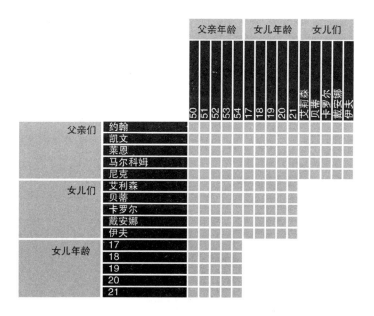

5个女儿邀请她们各自的父亲参加了一场晚会，她们过得很愉快。已知：

1. 约翰52岁了，他女儿不是伊夫。

2. 莱恩的女儿21岁，而贝蒂比伊夫大3岁。

3. 凯文53岁，戴安娜19岁。

4. 伊夫18岁，尼克的女儿是卡罗尔。

5. 艾利森20岁，她的父亲是约翰。

6. 凯文的女儿19岁，伊夫的父亲是马尔科姆。

7. 马尔科姆比尼克大 3 岁。

父亲	女儿	父亲年龄	女儿年龄

年龄上的算术题

格雷厄姆和弗雷德里克是两兄弟。哥哥弗雷德里克的年龄是他弟弟格雷厄姆的3倍。如果你把弗的年龄平方一下，得数正好是他弟弟年龄的立方数。如果将他们的岁数相减，答案等于他们家门前的台阶数，相加则等于门前篱笆的木栅栏条数，相乘则是他们家前墙的砖块数。

再把上述的台阶数、木栅栏条数和砖块数相加，答案等于297，正好是他们家的门牌号。

请问这两兄弟的年龄各是多少？

线条的逻辑

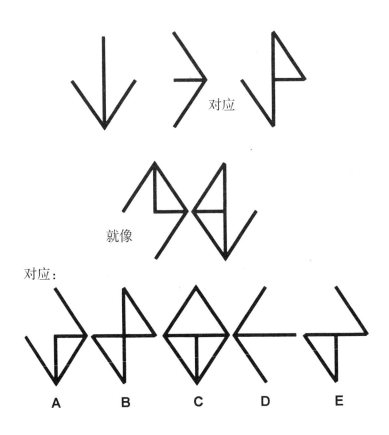

对应

就像

对应：

A   B   C   D   E

公平的分配

　　将下图的大矩形进行分割，要求分开后的图形形状对应，包含的三角形数也一样。请问最少只需分几次，怎么分？

答案编号 **48**

不速之客

下列圆形图案中哪一个是不合群的?

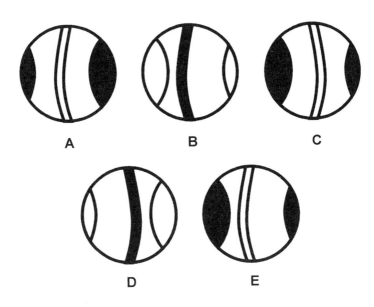

A   B   C

D   E

对号入座之二

4 对夫妇结伴去看演出。他们坐在同一排，但是没有一对夫妇是挨着坐的。另外有一男一女各坐左右两端。已知他们的姓氏分别是：安德鲁斯，巴科尔，柯林斯和邓洛普。

1. 邓洛普夫人和安德鲁斯先生中有一人坐在最旁边的位子上。
2. 柯林斯夫妇的中间坐着安德鲁斯先生。
3. 柯林斯先生和邓洛普夫人间隔了一个座位。
4. 柯林斯夫人坐在巴科尔夫妇间。
5. 安德鲁斯夫人坐在一端的倒数第二个。
6. 邓洛普先生和安德鲁斯先生间也隔了一个座。
7. 柯林斯夫人离右端更近一点。

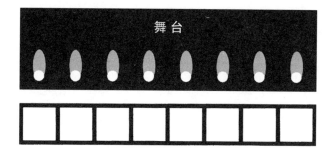

请排出这 8 人的座位表

把各条线索提供的座位信息填入

1							
2							
3							
4							
5							
6							
7							

向海员致敬

5 艘军舰停在 5 个不同的港口，舰上各有 1 名海员，他们的军衔或职位都不一样。

		军衔或职位					军舰					港口				
		中校	上校	乘务员	军需官	水兵	巡洋舰	海航战舰	护卫舰	潜艇	航空母舰	马耳他岛	克里特岛	福克兰岛	直布罗陀岛	朴次茅斯港
姓名	帕金斯															
	沃德															
	曼宁															
	迪沃斯特															
	布兰迪															
港口	马耳他岛															
	克里特岛															
	福克兰岛															
	直布罗陀岛															
	朴次茅斯港															
军舰	巡洋舰															
	海航战舰															
	护卫舰															
	潜艇															
	航空母舰															

已知：

1. 曼宁的船在福克兰岛，迪沃斯特是军需官。

2. 布兰迪在海航战舰上，军需官不在巡洋舰上。

3. 帕金斯在航空母舰上，沃德的船在朴次茅斯港。

4. 中校的船在福克兰岛，曼宁在潜艇上。

5. 海航战舰停在克里特岛，帕金斯的船在马耳他岛。

6. 护卫舰停在直布罗陀岛，乘务员的船停在马耳他岛。

7. 布兰迪是上校，水兵不在护卫舰上。

请根据上述信息填出下表

姓名	军衔或职位	军舰	港口

不合群的出列

下列六幅图哪一幅不合群？

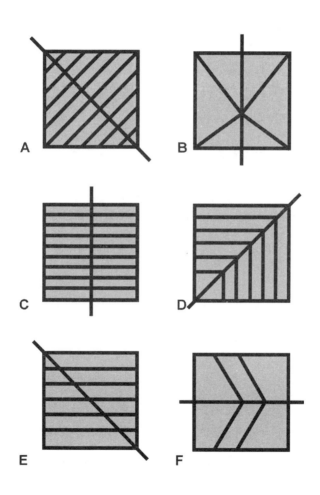

百老汇的公交车

A   B

　　在纽约的百老汇街头，有人看见一种新型车（如图所示）。由于当时车是静止的，所以他无法判断车向哪个方向开？你能判断吗？

答案编号 74

暗藏玄机的大钟

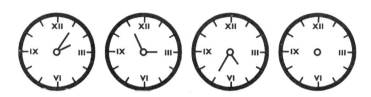

这些大钟指示的时间暗含着某种规律。你能找出这递变规律并指出第 4 面大钟显示的时间应该是下列 4 个中的哪一个吗？

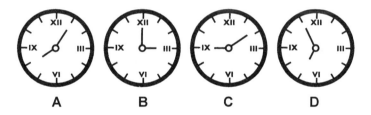

A　　　　B　　　　C　　　　D

转圈圈

　　一位女士的花园里有一条宽 2 米的林荫道。道路两旁都用篱笆围着。沿着林荫道螺旋前进可以走到花园的中央。有天该女士来到花园散步，顺着林荫道走到了园子的中间。现在我们忽略篱笆的宽度并假设那位女士散步时始终走在林荫道的中央，请问她走了多少米？

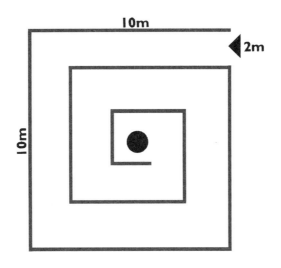

来福枪打靶

　　3 位军人——"番茄汁"上校、"芥末泥"少校和"酸辣酱"上尉在打靶场进行一场来福枪射击比赛。结果如下图所示，3 位军人每人各打了 6 枪，都得到 71 环的成绩。已知上校的首两枪得到 22 环；少校的第一枪只得了 3 环。

　　你能根据这些推断出是谁射中了靶心吗？

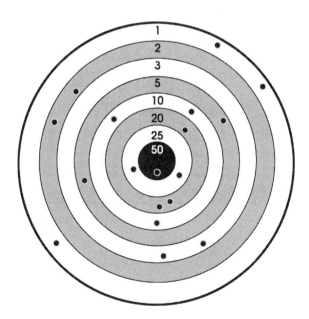

丢失的数字

74882	3584	
29637		192
74826		

　　在上面三条数字条中都有空缺存在。但是我们可以从第一条数字条中读出这些数字间的某种内在联系，而且这种联系对其他两条也都适用。所以空缺中的数字不难填出。

　　现在来试试下面的空吧！

528	116	
793		335
821		

手枪交易

　　波利·比尔和戴蒙·丹是做肉牛生意的。一天他们决定将手头养着的牛卖掉，改做羊毛生意。于是两人将牛群拉到集市上，以这群牛的总数作为每头牛的单价开卖。卖完牛后，他们用赚到的钱以每头10美元的价格买下了很多绵羊，最后剩下的零钱因为买不起一头绵羊，就买了一头山羊。

　　在回去的路上，两人急不可耐地开始平分他们今天的收获。当分到最后一头绵羊时，比尔说绵羊归他，山羊可以给丹。丹觉得不公平，因为绵羊比山羊贵。

　　比尔考虑一下，说道："那好吧，我把我的左轮手枪也给你作为补偿。"

　　据此你能否推断出一把左轮手枪值多少钱？

黑白球

这是一道只需运用逻辑推理就可以解决的概率问题。

有两个袋子，里面都装有 8 个球，其中 4 个是白色，4 个是黑色。现在，分别从两个袋子中各取出一个球。请问，取出的球中，至少有一个是黑球的概率是多大？

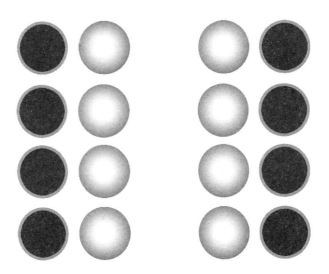

择友篇之二

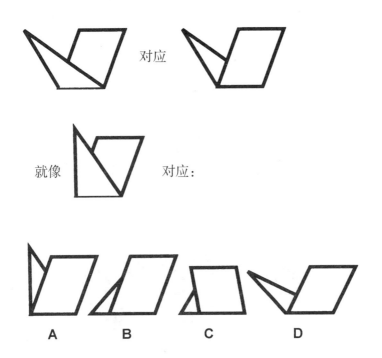

对应

就像 对应：

A   B   C   D

骰子谜题

在下面的6个六面骰子中哪一个不能由最底下的平面图折叠而成?

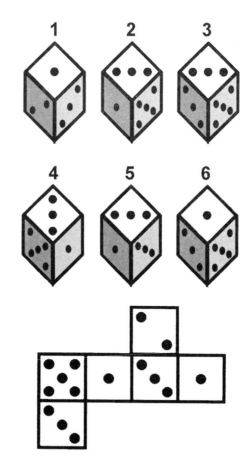

鸽子运输车

一位司机驾车来到一座桥前。他注意到：要过此桥，车的最大重量不能超过 20 吨。而自己的卡车净重就已达 20 吨，何况车里还运载着 200 只平均重量为一磅的鸽子。这位司机灵机一动，把车停下后，用力地敲打车子一边的钢板，尽量把那些正在车内栖木上憩息的鸽子们吵醒，让它们在车厢内飞来飞去，然后放心地回到车上准备过桥。

你认为他这样做行得通吗？

答案编号 71

变化中的变化

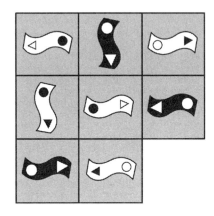

看清每行和每列图形的不同排列。缺失的那个正方形应该是下列 8 个中的哪一个?

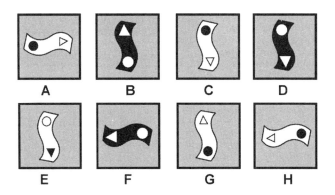

穿街走巷

这座城市的新街区建在了两条主干道 A 和 B 之间。街区的样式是仿纽约曼哈顿的网格式。现在我要从 A 走到 B，有多少条路线可以选择？

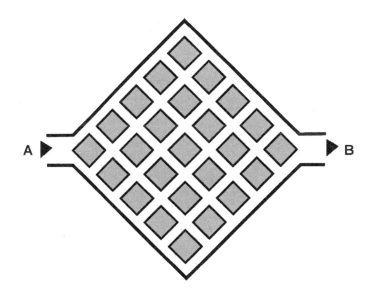

丢失的数字之二

6	4	7	8	3	7
8	2	5	1	5	6
3		8	6	4	8
8	6	5	3	7	6
5	4	7			5
	8	6	4	7	8

这些数字是按某一特定规律排列的。请先找出规律，然后填出空格里的数字。

门牌号的小游戏

　　帕特里克和布鲁斯刚完成了4761号别墅的大门安装。现在只差把门牌号钉上去了。因为两人同为门萨会员，即使在工作时，帕特里克还是忍不住向布鲁斯出了一道难题：问他能否将门牌号钉成一个不能被9整除的四位数？布鲁斯成功地解决了这个问题。然后反过来问帕特里克能否将门牌号钉成一个不能被3整除的四位数。

　　你觉得这两个问题他们都能解决吗？如果是你，你会怎么回答？

"瞻"星术

请你以图中所画星星的原有比例，依旧在这幅图中画一颗最大的星星。要求是线条不能和其他星星接触，也不能超出长方形的画框。

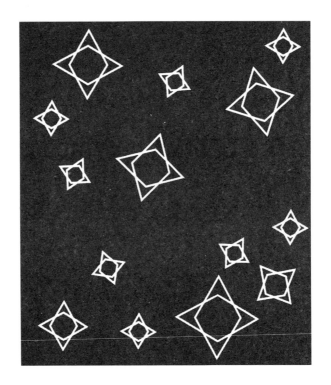

摩天楼里的麻烦

　　一位女士住在 36 层高楼里，楼内有几部可供每一层住户使用的电梯。每天早上，这位女士都会在自己所住的那层楼搭乘电梯下楼。但是无论她乘哪一部，电梯向上的概率都是向下概率的 3 倍。这是为什么？

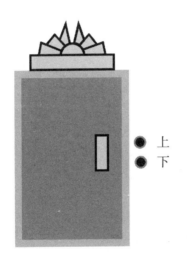

上
下

缺了什么

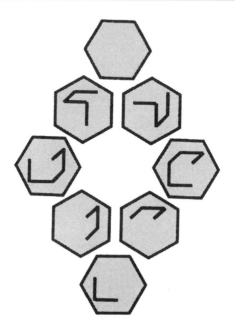

请问最上面的六边形中缺少的图案应该是下列四选项中的哪一个?

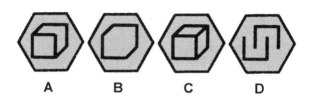

A   B   C   D

答案编号 **68**

"水位" 测量

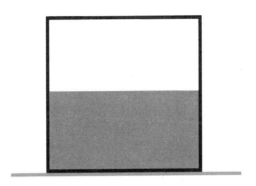

　　一个敞口的正方体容器放在桌上，里面装了些水。两人正在讨论：如何在不让水流出的情况下，不求助于任何测量工具，就能准确判断出容器是否半满。

　　你能给他们一些建议吗？

答案编号　75

招待员的逻辑

在纽约的一家酒吧里，一位汉子向招待员要啤酒。"普通的还是烈性的？"招待员问道。汉子便询问两种酒价钱各是多少。招待员回答说："普通的 90 美分一杯；烈性的 1 美元一杯。"于是那汉子给了招待员 1 美元，要了 1 杯烈性酒。

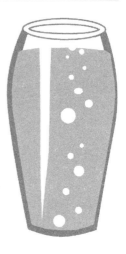

过了一会儿，又有一人来到吧台，也是要啤酒的。他往吧台上放了 1 美元，招待员一句话也没问，直接给了他 1 杯烈性酒。

请问招待员为什么可以这么做？

金字塔阵

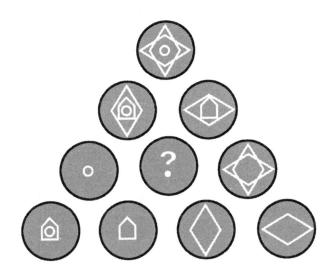

根据金字塔阵中的图形规律，"？"里的图形应是下列 5 个选项中的哪一个？

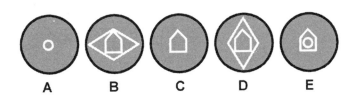

滑雪缆车

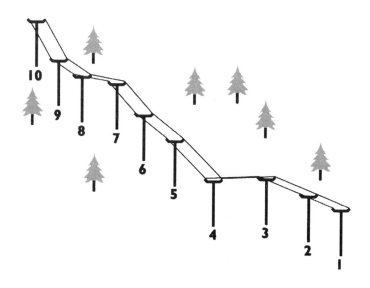

　　在一座雪山上共设了 10 个站供欲坐缆车的游人上下。无论在哪一站里，人们都可以买到去其他任何站的缆车票。假定票全是单程的，而且不同的路线使用不同的票，请问一共需要多少种缆车票才能满足所有路线的需要？

答案编号 **84**

万花筒

根据上述镜筒内图案的递变规律，找出下一幅图应该是 A、B、C、D、E 中的哪一幅？

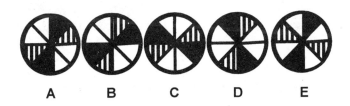

答案编号 **110**

闪动的方块

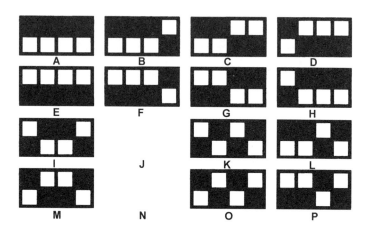

按字母顺序观察上图，根据你所发现的递变规律推测 J 和 N 处的图形是下列选项中的哪两个？

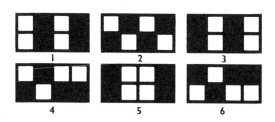

金字塔阵之二

根据金字塔阵中的图形规律，"？"里的图形应是下列 5 个选项中的哪一个？

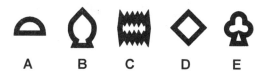

数字拼图

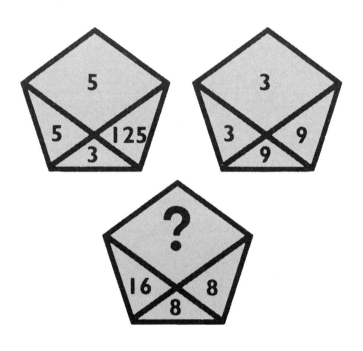

请问"？"处应拼上哪个数字？

日 光

在地球的某处有一座山谷。太阳到该山谷的距离随时间变化而变化。例如在当地正午时分的距离比在日出或日落时的距离短了 4800 公里还多。你能说出该山谷大致位于地球的哪里吗？

答案编号 **91**

孤家寡人

选出下列图形中最不合群的那一个。

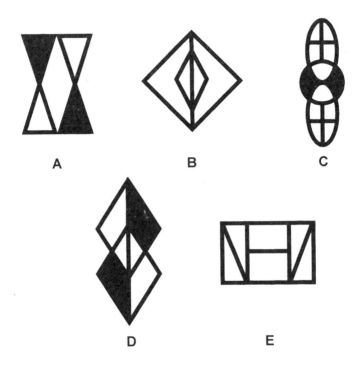

A

B

C

D

E

刮刮卡

在游乐场中央正进行着一场趣味比赛：参加的方法是买一张由比赛提供的刮刮卡。卡上有许多待刮开的小方格，其中的一个背后印着"失败者"图案，还有两个印着"胜利者"图案，剩下的为空白。只要你在没刮出"失败者"的情况下，刮出那两个"胜利者"的图案，就算赢得了比赛。已知输赢的比率总是 2：1，请问刮刮卡上得有多少个方格？

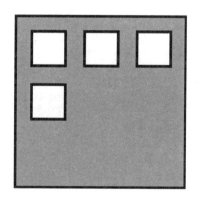

猜数字

请问"?"中应填入什么数?

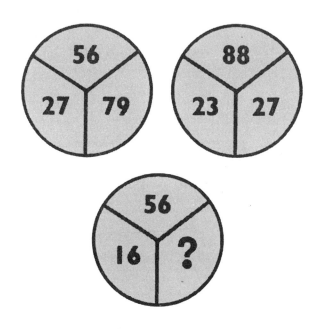

晚餐会

安克里顿，黑泽尔，切斯特以及邓卡斯特4位先生携夫人一起参加了本年度的晚餐会。他们坐在同一桌（如图所示）。已知条件如下：

1. 只有一对夫妇不是毗邻而坐，但他们也不是面对面地坐着。
2. 坐在黑泽尔先生左边的男人也坐在安克里顿夫人的对面。
3. 坐在切斯特夫人左边的男人也坐在邓卡斯特先生的对面。

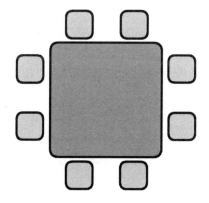

请问哪对夫妇不是毗邻而坐？

慧眼识错之二

图中 9 个编号为 1A ～ 3C 的正方形是由与之分别对应的上左两侧的模板正方形 A，B，C，1，2，3 叠合而成的。已知 9 个正方形中有 1 个在叠合时出了错，你知道是哪一个吗？

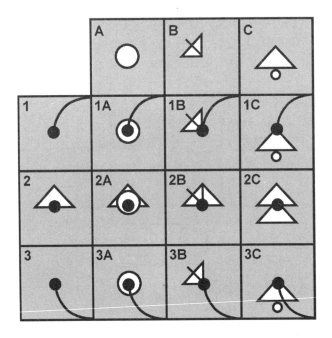

年龄与代沟

　　我目前的年龄是女儿的 4 倍，再过 20 年则是她的 2 倍。请问我和我女儿现在的年龄各是多少?

答案编号 **93**

一分为二

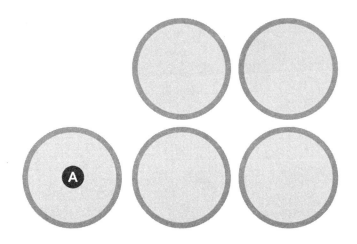

　　已知图中的 5 个圆直径相同，过 A 点你能否做一条线将这 5 个圆分成面积相等的两部分。

横向逻辑

看完上图后，在下列 5 选项中选出下一个应该出现的图形。

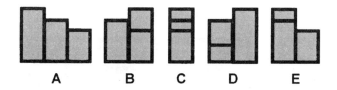

A   B   C   D   E

答案编号 **99**

带阴影的方形拼图

找出上面三图的递变规律，并回答下一个出现的方形拼图应该是 A，B，C，D，E，F 中的哪一个？

A   B   C   D

E   F

数 列

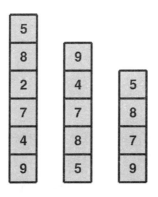

根据图中提供的 3 条数列，找出其递变规律。并回答下一个出现的数列应该是 A，B，C，D 中的哪一个？

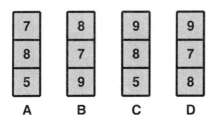

十八棵树

一位园丁正打算替他的 18 棵待种的树挖坑。在确定坑的具体方位时，他采用了每 5 坑连成一直线的方案。为了使这样的直线条数达到最大，他只有两种选择。你能替他的两种选择画出草图吗？

似是而非

　　根据你发现的规律，在"?"处填入正确的数字。多提一句：右下角的数字的确是 7，而非 8。

鸟犬同笼

　　在动物园的极地馆，企鹅与爱斯基摩犬共处一室。经过清点，我发现这两种动物的总数为 72，总腿数为 200。请问极地馆中有多少只企鹅？

择友篇之三

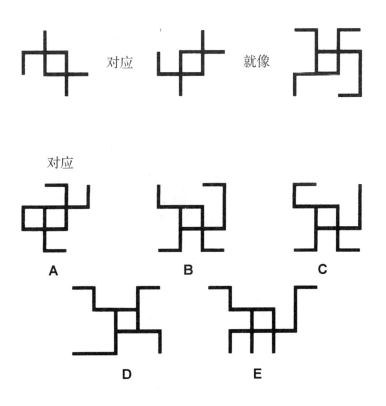

对应　　　　　就像

对应

A　　　　　　　　B　　　　　　　　C

D　　　　　　　E

棋盘外的战略

　　已知一位棋手要得到最后的大奖，必须再连赢两盘棋。而该棋手目前还剩三次机会。在这三局中，和他对弈的赛手既有专业级的又有业余级的，专业级的他不一定能赢，业余级的则可以轻松搞定。现在大赛组委会给了他两种方案，由他来决定后三场比赛的对手。方案一（按出场顺序排列）：专业级，业余级，专业级。方案二：业余级，专业级，业余级。你认为选择哪种方案，得奖概率会更高一点？

另类计算

如果上面那个算式的和为 9825，下面算式的结果是多少？

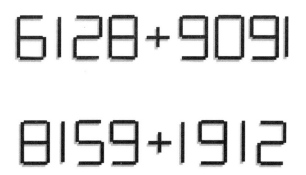

数字魔方

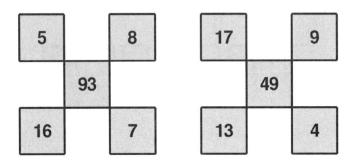

看图回答 "?" 中的数字应该是多少？

天空之旅

5 位飞行员驾着各自的客机分别从英国的 5 个机场起飞，前往 5 个不同的城市。

你能根据以下信息确定每位飞行员的航线吗？

1. 从斯坦斯特机场起飞的客机飞往尼斯港。

2. 保罗的客机从加的夫机场起飞。

3. 迈克的客机飞往纽约的肯尼迪机场，他不是在盖特维克机场起飞的。

4. 从曼彻斯特机场起飞的客机不是去美国的。

5. 尼克的客机飞往温哥华。

6. 保罗的客机不是去罗马的。

7. 尼克不是从曼彻斯特机场起飞的。

8. 罗宾不是从斯坦斯特机场起飞的。

9. 从希思罗机场起飞的客机，不是由托尼驾驶的，也不飞往柏林。

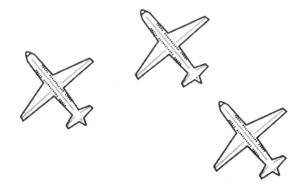

飞行员	机场	目的地

答案编号 **85**

青蛙捕蝇

29只青蛙在29分钟里能捕到29只苍蝇，请问多少只青蛙能在87分钟里捕到87只苍蝇？

登陆小岛

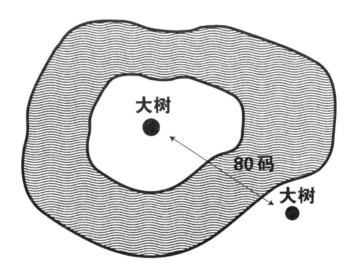

　　在一个半径为80码的湖的中央有个小岛，岛上有棵大树。在湖畔陆地上，生长着另一棵大树。一个不会游泳的人希望能去岛上看看，但他手头只有一根300码长的绳子。请问他该怎样做，才能登陆小岛？

填满以下所有的格子，使每一横行、每一竖列和 9 个 3×3 空格所组成的方块（每组有 9 个空格）包含由 1 到 9 的全部数字。

	A	B	C	D	E	F	G	H	I
J									
K					2		1	8	4
L	9		5		7		2		6
M	1		4	3	9	2		7	
N				7		6			
O		7		1	4	8	9		2
P	3		2		6		8		5
Q	8	4	9		3				
R									

嘉年华的盛会

在嘉年华的露天游乐场中，5 名不同年龄的男孩乘坐在不同的游乐设施上，吃着各自喜爱的零食。

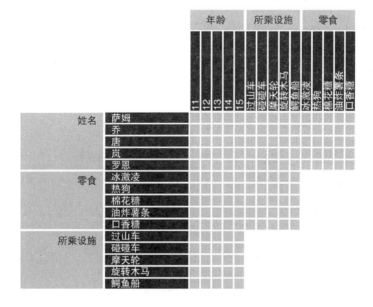

已知：

1. 罗恩吃着冰激凌，乔没有嚼口香糖。

2. 14 岁的萨姆不在摩天轮上。

3. 鳄鱼船上的男孩今年 15 岁。

4. 岚没有坐碰碰车，唐正骑着旋转木马。

5. 吃冰激凌的男孩今年 13 岁。

6. 在碰碰车上的男孩嘴里正咬着热狗。

7. 乔坐在过山车上吃油炸薯条。

8. 12 岁的唐手里拿着棉花糖。

请根据上述信息，将每个男孩的具体状况填入下表。

姓名	年龄	所坐设施	喜爱的零食

金字塔阵之三

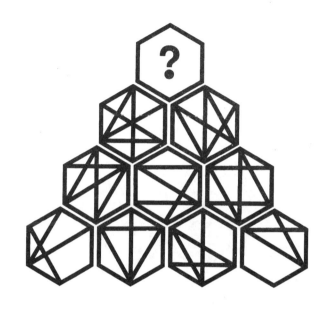

根据金字塔阵中的图形规律，塔尖"？"里的图形应是下列五选项中的哪一个？

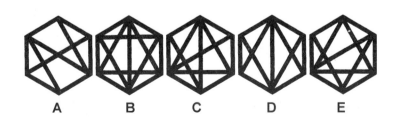

A   B   C   D   E

万花筒之二

根据上述镜筒内图案的递变规律，找出下一幅图应该是 A、B、C、D、E 中的哪一幅？

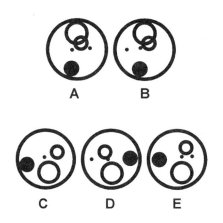

诡异的数列

这串数字的下一个数是多少?

答案编号 124

不速之客之二

下列圆形图案中哪一个是不合群的?

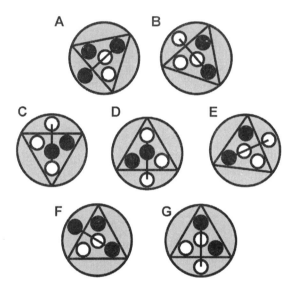

万花筒之三

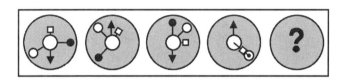

根据上述镜筒内图案的递变规律，找出下一幅图应该是 A、B、C、D、E 中的哪一幅？

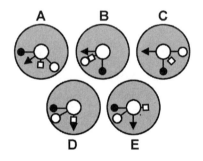

圆圈里的交汇之二

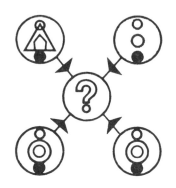

如图所示，外围4个圆里的每条线和每个小图形要在中间的圆中出现，必须遵循几条规则。

规则如下：如果这条线或这个小图形在外围4圆中出现1次，它一定会被转入中间的圆中；出现2次，它有可能被转入；出现3次，它一定会被转入；出现4次则一定不会被转入。

请问下列5个圆中哪个该出现在中间的位置？

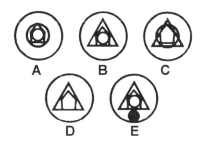

答案编号　129

爱鸟人士

5 位来自不同国度的爱鸟人士对各种鸟都有自己独特的喜好，而他们各自欣赏的 5 种不同的鸟类在英语中都有一个专用的集合名词与之对应。

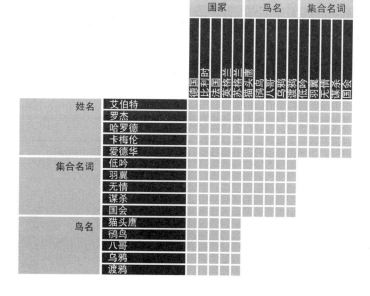

已知：

1. 罗杰不喜欢鸽鸟，国会也不是鸽鸟的集合名词。

2. 喜欢乌鸦的人来自法国，但那人不是爱德华。另外爱德华不是苏格兰人。

3. 艾伯特喜欢猫头鹰，而低吟是八哥的集合名词。

4. 来自德国的哈罗德喜欢渡鸦。

5. 喜欢八哥的人来自英格兰。

6. 爱德华不喜欢集合名词是无情的渡鸦。

7. 喜欢集合名词是谋杀的鸟的人来自法国。

8. 卡梅伦不是比利时人，艾伯特不是苏格兰人。

9. 喜欢集合名词是羽翼的鸟的人不是德国人。

请根据上述信息，将每位爱鸟人士的具体状况填入下表：

姓名	国家	鸟名	集合名词

等式变换

在不添加任何数字与运算符号的前提下，改正下述错误的等式。
附：可以随意搬动等式中的数字。

$$76 = 24$$

三方块组合

在上图的三方块体系中，还少了一块组合。请在下列五选项中补选一个，以使该体系完整。

A   B   C   D   E

不速之客之三

下列图案中哪一个是不合群的?

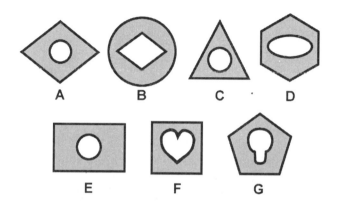

答案编号 127

数字转盘

"?"里的数字是多少？

跳舞的圆圈

根据下面三图的递变规律，找出下一幅图应该是 A、B、C、D、E 中的哪一幅？

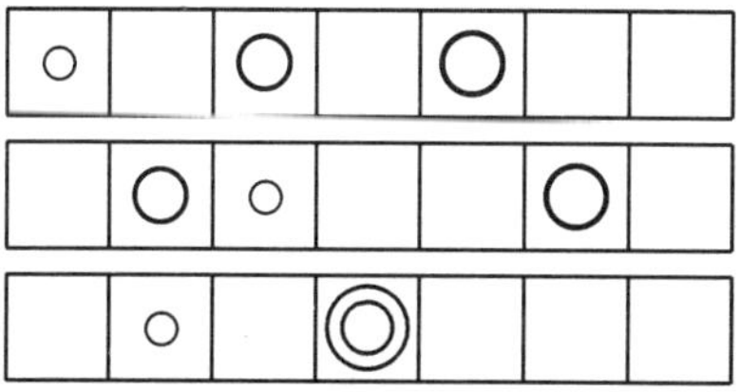

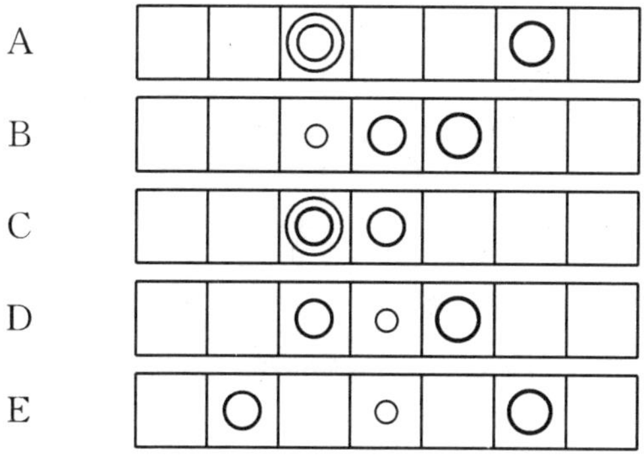

A

B

C

D

E

三角组合

在第三个三角形中，缺失的 3 个数各是多少?

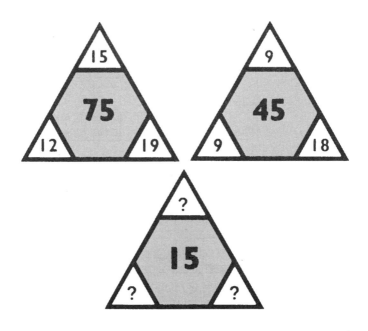

家居生活

5 位家庭主妇，各自购买了一件家居用品摆在不同的房间里。

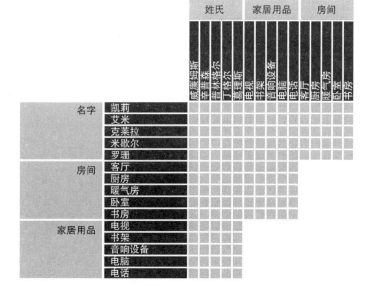

已知：

1. 辛普森太太的家居用品不是摆在卧室中的。

2. 艾米买了台电视，葛理斯太太买了台音响设备。

3. 凯莉的家居用品也不是摆在卧室中的。

4. 克莱拉没有买电话。

5. 威廉姆斯太太的家居用品不是摆在厨房中的。

6. 凯莉的家居用品放在暖气房里。

7. 米歇尔买了个书架，丁格尔太太买了台电脑。

8. 米歇尔的家居用品没有放在卧室里。

9. 普林格尔太太的家居用品放在书房里，罗珊的放在厨房里。

请根据上述信息，回答每位家庭主妇的全名叫什么，买的什么家居用品以及摆放在什么房间。

名字	姓氏	房间	家居用品

棍子游戏

　　一根长棍被断成了3小截短棍。不准测量短棍的长度，不准拿它们试搭三角形，请问你有什么好办法能快速判断出这3截短棍是否可以组成一个三角形。

答案编号 **125**

大小圆圈

下列圆圈组合中，哪一个不合群？

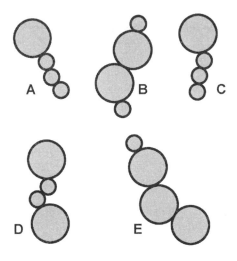

金字塔的线索

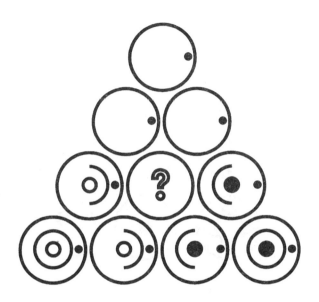

根据金字塔图提供的线索，"?"处的图形应是下列五选项中的哪一个？

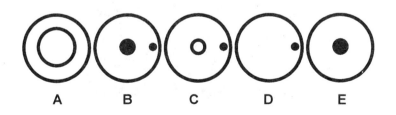

依样画葫芦

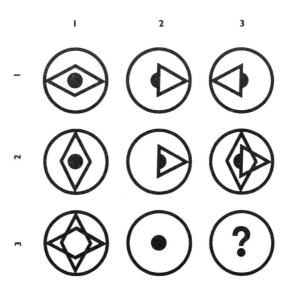

参照已画样图中的规律，"?"处的图形应是下列六选项中的哪一个？

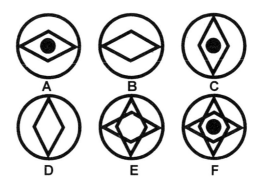

慧眼识错之三

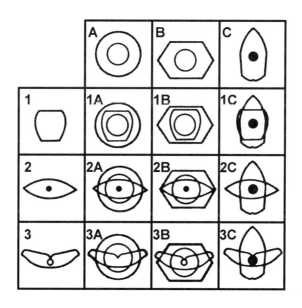

图中 9 个编号为 1A ～ 3C 的正方形是由与之分别对应的上左两侧的模板正方形 A，B，C，1，2，3 叠合而成的。例如：正方形 3C 是由它左边的模板 3 和上面的模板 C 叠合在一起形成的。

已知 9 个正方形中有 1 个在叠合时出了错，你知道是哪一个吗？

答案编号 **123**

奇幻数字之二

将下面的 12 个数按你观察出的规律平均分配到表中的 4 个组中。

106   168   181   217   218   251   349
375   433   457   532   713

第一组	第二组	第三组	第四组

改头换面

对应

就像

对应：

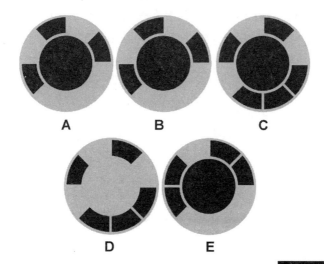

A   B   C

D   E

答案编号 **140**

叠罗汉

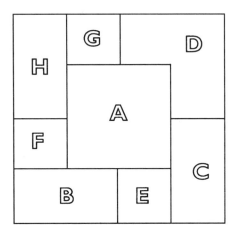

　　8张一模一样的正方形纸片叠在一起，呈现出如图所示的结果。通过观察，你能否给出这些纸交叠时，从上到下的顺序？

黑白配

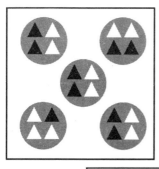
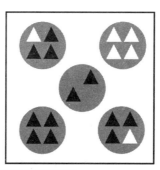

请问图中"?"处，应填入下列五选项中的哪一个？

A   B   C   D   E

答案编号 135

二色谜题

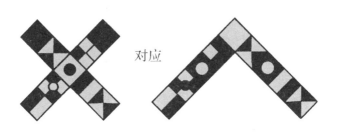

对应

就像

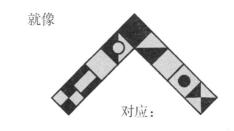

对应：

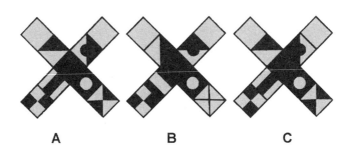

A   B   C

宝物守护者

在北欧的 5 处藏宝地，存放着 5 种不同的宝物。那里还居住着 5 群长相各异的守护者，负责各处的看守。

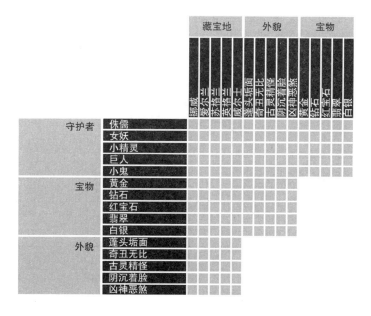

已知：

1. 小精灵长得古灵精怪，红宝石藏在苏格兰。

2. 小鬼守护着白银，侏儒住在挪威。

3. 巨人住在苏格兰，女妖守护着黄金。

4. 侏儒长得凶神恶煞，住在苏格兰的守护者总是阴沉着脸。

5. 女妖长得蓬头垢面，小鬼住在英格兰。

6. 女妖不是奇丑无比的，住在威尔士的守护者不是古灵精怪的。

7. 钻石不是藏在爱尔兰的。

请根据上述信息，填出每群守护者长相如何？在哪里守护什么宝物？

守护者	藏宝地	外貌	宝物

画图"点睛"

下列 5 图中哪张图只要再加一白点，它就有和样图中的白点同样的分布规律？

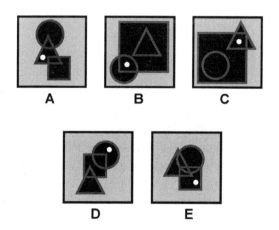

长统袜

一位女士的抽屉里共有 43 只长统袜：其中 21 只是蓝的；8 只是黑的；还有 14 只是带条纹的。碰巧她房间里的灯泡坏了，看不清抽屉里袜子的颜色。

假设现在她想每种颜色各拿一双，那么至少要拿多少只长统袜？

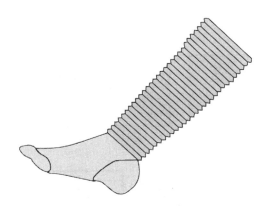

花式卡片

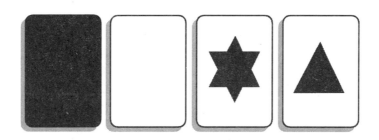

桌上放着如图所示的 4 张卡片。已知这些卡片的一面不是全白的，就是全黑的；另一面上要么画着一颗星星，要么就是一个三角形。

请问你至少要翻看哪几张卡片，才能确认所有一面是全黑的卡片的另一面上，画的都是三角形？

赌场的筹码

有玩家在玩标准轮盘赌游戏（1～36）时，赌场只提供代表5美元和8美元的两种筹码。用这些筹码不能组成的最大赌金是多少？

圆圈里的规律

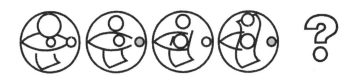

　　根据上述圆中图案的递变规律，找出下一幅图应该是 A、B、C、D、E 中的哪一幅？

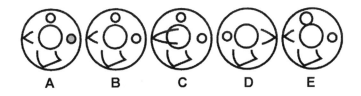

钻石切割术

请将这块钻石分割成形状相同的 4 部分。每一部分都要包含下述 5 种图形，每种各一个。

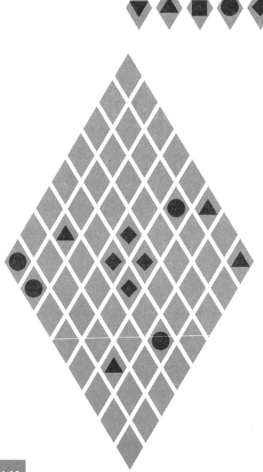

美式橄榄球

5 名橄榄球球员，身着不同颜色的 T 恤，聚在一起训练。他们来自不同的球队，打球时的战术位置也不一样。

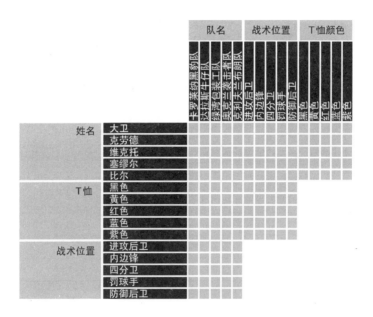

已知：

1. 来自卡罗莱纳黑豹队的球员穿的是紫色 T 恤。

2. 塞缪尔不是进攻后卫，内边锋来自达拉斯牛仔队。

3. 四分卫穿的是黄色 T 恤，克劳德是达拉斯牛仔队的。

4. 罚球手不是绿湾包装工队的。

5. 大卫不是奥克兰袭击者队的，塞缪尔穿的是黑色 T 恤。

6. 防御后卫来自奥克兰袭击者队，大卫穿的是黄色 T 恤。

7. 维克托来自克利夫兰布朗队，他穿的 T 恤不是蓝色的。

8. 比尔是罚球手，来自克利夫兰布朗队的球员穿的是红色 T 恤。

请根据上述信息，填出每位球员的详细状况。

姓名	队名	战术位置	T 恤颜色

各得其"所"

1. 瑞芙尔夫人的名字不是特蕾西，她家的房门也不是红色的。
2. 蒙比夫人的名字是谢丽尔，她不住在白石公寓。
3. 大宅院的房门不是黑色的，希尔夫人家的房门同样不是。
4. 佩吉家不在玫瑰小屋，但她家的房门是绿色的。
5. 红色的房门不是谢丽尔家的，而是高山别墅的。
6. 梅布尔家的房门是蓝色的，她和沙利文夫人不是同一人。
7. 特蕾西住在河岸别墅里。
8. 斯蒂文夫人住在玫瑰小屋中。
9. 格蕾斯家的房门不是橙色的。
10. 桃乐茜家不在流水别墅，流水别墅的房门也不是绿色的。
11. 沙利文夫人住在流水别墅中，她家的房门不是黑色的。
12. 彼得斯夫人家的房门不是白色的。

请根据上述信息，填出每位夫人的全名，居所名称以及房门颜色。

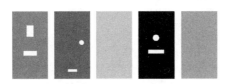

名字	姓氏	居所名称	房门颜色

神秘谋杀案

在血淋淋的凶杀现场，警察逮捕了包括真凶在内的 5 名犯罪嫌疑人，并对他们进行了审讯。供词如下：

请问谁是真凶？

阿尔夫·怀特
巴里·格莱米
西里尔·沙迪
大卫·达尔克
厄尼·布莱克

"大卫·达尔克是凶手。"

"我是无辜的。"

"凶手不会是厄尼·布莱克。"

"阿尔夫·怀特撒了谎。"

"巴里·格莱米说的是真话。"

已知只有 3 人说了真话，请问谁是真凶？

爱车一族

我有 5 位朋友都是爱车一族的。他们的车造于不同年份，外漆颜色各异，车内装饰也不一样。

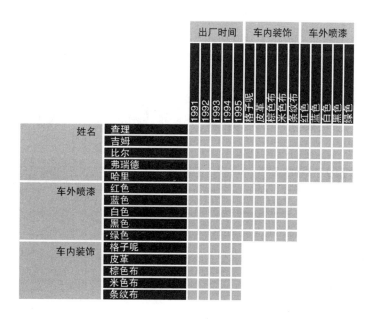

已知：

1. 1993 年出厂的车用的是格子呢的装饰。

2. 用棕色布装饰的车，外漆是蓝色的。

3. 哈里的车造于 1991 年，红色喷漆，条纹布装饰。

4. 弗瑞德的车是绿色的，出厂时间比查理的要早。

5. 吉姆的车造于 1992 年。

6. 用皮革装饰的车，外漆是白色的。它不是比尔的。

7. 比尔的车造于 1994 年，外漆不是黑色的。

请根据上述信息，填出每辆车所对应的主人姓名，出厂时间，车内装饰及车外喷漆。

姓名	出厂时间	车内装饰	车外喷漆

多米诺骨牌

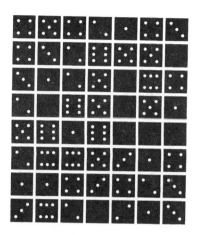

　　如图所示：56块骨牌都有各自的点数，从0~6不等。现请你在图中划线，要求以两两配对的形式将这些骨牌分成28对。每对骨牌中的点数如下所示：

0 – 0

0 – 1　　　1 – 1

0 – 2　　　1 – 2　　　2 – 2

0 – 3　　　1 – 3　　　2 – 3　　　3 – 3

0 – 4　　　1 – 4　　　2 – 4　　　3 – 4　　　4 – 4

0 – 5　　　1 – 5　　　2 – 5　　　3 – 5　　　4 – 5　　　5 – 5

0 – 6　　　1 – 6　　　2 – 6　　　3 – 6　　　4 – 6　　　5 – 6　　　6 – 6

答案编号 **134**

天平配对

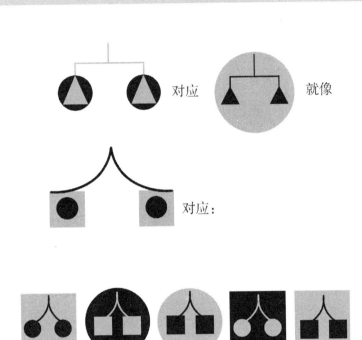

对应 就像

对应：

A B C D E

神奇的瓷砖

在陶瓷制品的展览会上，一位瓷砖商正在向人们展示不同形状的花式瓷砖。有个顾客想要他的 7 位电话号码。

瓷砖商便把一些瓷砖按如图所示的方式排列，然后说道："我的瓷砖已经告诉你了。"

请问他的电话号码是多少？

答案编号 131

循序渐进

观察上述三图的递变规律，找出下一幅图应该是 A，B，C，D 中的哪一幅？

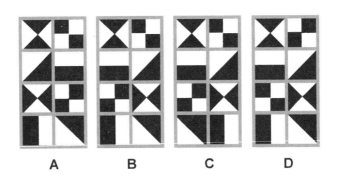

A   B   C   D

摸彩球

这是一道只需运用逻辑推理就能解决的概率问题。

在一个袋子里装有 4 个球：1 个黑色，1 个白色，剩下 2 个为红色。现有一人从中随机地取出 2 个球。在看过取出的球之后，他说道："我摸的球中有一个是红色。"

请问他摸出的另一个球也为红球的概率是多少？

答案
Answer————————————————————

答案 1
鏖战赌城

每一个玩家骰子上的数字如下：

"毁灭之王"：6—1—8—6—1—8

"疤面煞星"：7—5—3—7—5—3

"吉祥小子"：2—9—4—2—9—4

具体较量如下：

1. "毁灭之王"对"疤面煞星"：6—7；1—7；8—7（赢）；6—5（赢）；1—5；8—5（赢）；6—3（赢）；1—3；8—3（赢），每组后三个数字再重复一次，这样"毁灭之王"在18次较量中一共赢10次，输8次。

2. "疤面煞星"对"吉祥小子"：7—2（赢）；5—2（赢）；3—2（赢）；7—9；5—9；3—9；7—4（赢）；5—4（赢）；3—4，每组后三个数字再重复一次，也是"疤面煞星"赢10次，输8次。

3. "吉祥小子"对"毁灭之王"：2—6；9—6（赢）；4—6；2—1（赢）；9—1（赢）；4—1（赢）；2—8；9—8（赢）；4—8，

每组后三个数字再重复一次，也是"吉祥小子"赢 10 次，
输 8 次。

总的来说：

"毁灭之王"会在 18 次内赢"疤面煞星"10 次；

"疤面煞星"会在 18 次内赢"吉祥小子"10 次；

而"吉祥小子"在 18 次内也赢了"毁灭之王"10 次。三人两两
相克。

答案 2
3 个圆圈

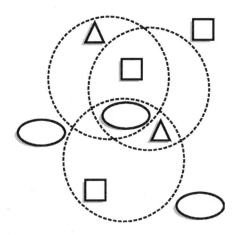

答案 3
城镇大钟

我忘记说明自己的闹钟是电子闹钟。问题出在显示数字的 7 条线
中，有一条线无法显示了。如下图所示：

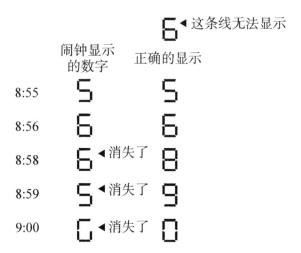

闹钟显示的数字 **正确的显示**

6 ◄这条线无法显示

8:55 5 5

8:56 6 6

8:58 6 ◄消失了 8

8:59 5 ◄消失了 9

9:00 ⌐ ◄消失了 0

答案4
妙选电话亭

如果第八个电话亭不需要维修，主管会说前面七个中的五个需要修理。

答案5
调皮的三角

选E 规律是三幅图从左至右看，图中的4个三角形各自按顺时针方向紧贴十字架臂运动。（移动方向如图所示）

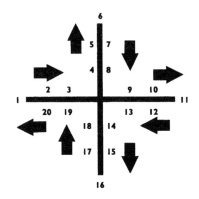

答案6

各怀鬼胎

凶手是阿尔夫·马金 如果是杰克·维休斯，那么阿尔夫·马金和吉姆·彭斯所说的就都是真实的。 如果是西德·斯福特，那么其余三人说的也都是真实的。 如果是吉姆·彭斯，那也意味着西德·斯福特和阿尔夫·马金说的是真的。 因此凶手只可能是阿尔夫·马金，这样的话只有吉姆·彭斯说了真话。

答案7

奇幻数字

2，5，7，10，12，15，17。

答案8

和谐之美

选A 每个六边形中都有6个三角形，每个三角形都以六边形的一边作底，底上的高从左至右依次递增。递增的长度为六边形对边间宽度的四分之一。

下图为有一个三角形时的示意图：

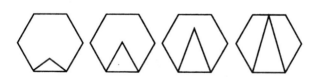

答案 9

庄园里的仆人

姓名	职位	爱好	休息时间
史密斯	管家	壁球	周五
琼斯	园丁	高尔夫	周二
伍德	司机	钓鱼	周三
克拉克	门卫	下棋	周四
詹姆斯	厨师	桥牌	周一

答案 10

圆圈里的交汇

选 C

答案 11

希尔斯摩天楼

450 米

答案 12

奥古斯大陆

宣称自己是	组里的人数	实际是	转变为
"撒谎"家族	30	30 "转变"家族	30 "撒谎"家族
"转变"家族	15:15	15 "撒谎"家族 15 "转变"家族	15 "撒谎"家族 15 "转变"家族
"讲真话"家族	10:10:10	10 "讲真话"家族 10 "撒谎"家族 10 "转变"家族	10 "讲真话"家族 10 "撒谎"家族 10 "讲真话"家族

那天晚上睡在五边形房中的"撒谎"家族成员共有 55 人。

本题的突破口在于意识到——只有"转变"家族的人可以说自己是"撒谎"家族的。因为如果那出自"讲真话"家族，就说明他在说谎；如果出自"撒谎"家族，那他说了真话，这也不可能。所以说称自己是"撒谎"家族的第二组组员原先全是"转变"家族的，但之后他们都加入了"撒谎"家族。另外还可得出第二组组员来自同一家族。同样的道理，只有"撒谎"和"转变"家族可以说自己是"转变"家族的，所以第三组的组员一定是 15 个"撒谎"族，15"转变"族，不过这一次"转变"家族还是"转变"家族。这样最后剩下的第一组——说自己是"讲真话"家族的，实际是由三个族以 10∶10∶10 的比例共同组成的，其中 10 个"转变"家族族员最后变成了"讲真话"家族。

因此，当天最终定下的是有 15 名"转变"家族成员（那 15 个说了真话的人）；20 个"讲真话"家族的（10 个原来就是，另 10 个来自"转变"家族）以及 55 个住五边形房中的"撒谎"家族族员（10 个谎称自己是"讲真话"家族，15 个谎称自己是"转变"家族和 30 个来自"转变"家族的）。

答案 13
眉目传情

选 D

看一下前两幅图，第一张脸上的两眼组合后即为第二张的左眼，而第二张脸的右眼则是一个新引进的图案；现在再看第二和第三张脸，第二张脸的左眼没有传递给第三张，而是把它的右眼直接搬给了第三张脸的左眼，但第三张的右眼同样是一个新图案。这种交替的转换模式将持续下去，又如第三张脸的两眼组合后构成了第四张脸的左眼。

答案 14
射击场竞赛

普里森上校的环数 200 环（60、60、40、40）

艾米少校的环数 240 环（60、60、60、60）

法尔将军的分数是 180 环（60、40、40、40）

三位射手各自说错的话：普里森上校的第一句话，艾米少校的第三句话，法尔将军的第三句话。

答案 15
真假金币

只需称一次。首先从第一袋中取出一枚金币；从第二袋中取出两枚；从第三袋中取出三枚。把这六枚金币放在一起称。如果重 305 克，则第一袋金币是假的；如果重 310 克，则第二袋是假的；如果重 315 克，则意味着第三袋是假的。

答案 16
对号入座

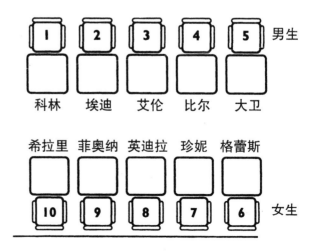

答案 17

趣味图形

选 C

从左至右每个图形包含的直角数依次增加 1 个。

答案 18

寻房觅友

我们所能做的就是根据 3 个问题可能的回答找出一个惟一符合各项回答的数字。如果有多种可能，就无法确定了。

问题一：你的门牌号小于 41 吗？

回答不是，则说明号码在 41 ~ 82 之间

回答是，则说明号码在 1 ~ 40 之间

问题二：你的门牌号能被 4 整除吗？

是	44	48	52	56	60	64	68	72	76	80	41 ~ 82
不是	41	42	43	45	46	47	49	50	51	52	
	54	55	57	58	59	61	62	63	65	66	
	67	69	70	71	73	74	75	77	78	79	
	81	82									
是	4	8	12	16	20	24	28	32	36	40	1 ~ 40
不是	1	2	3	5	6	7	9	10	11	13	
	14	15	17	18	19	21	22	23	25	26	
	27	29	30	31	33	34	35	37	38	39	

问题三：你的门牌号是完全平方数吗？

是 64—惟一的答案											
不是	44	48	52	56	60	68	72	76	80		
是	49	81									
不是	41	42	43	45	46	47	50	51	53		
	54	55	57	58	59	61	62	63	65	66	
	67	69	70	71	73	74	75	77	78	79	82
是	4	16	36								
不是	8	12	20	24	28	32	40				
是	1	9	25								
不是	2	3	5	6	7	10	11	13			
	14	15	17	18	19	21	22	23			
	26	27	29	30	31	33	34	35	37	38	39

（41～81，能被4整除）

（41～81，不能被4整除）

（1～40,能被4整除）

（1～40,不能被4整除）

如果第一问回答不，第二问回答是，第三问也回答是——就能得到惟一的答案64，也就是阿奇博尔德的门牌号。

答案19

活力小狗

一共跑了22.5英里。先算出拉塞尔·卡特花了多长时间走回家。由于这段时间内小狗以它的恒定速度一直在跑，所以可以很容易地算出小狗在返程过程中跑过的路程。

拉塞尔以每小时 4 英里的速度走 10 英里回家要花 2.5 小时。也就意味着小狗点点同样跑了这段时间。它的速度是每小时 9 英里，所以小狗一共跑了 22.5 英里。

答案 20
漫步机器人

因为实验中恰巧有一辆车停在机器人右边 5 米处，程序便告诉它有车不能通过。正确的方案是把指令"确认 25 米内是否有车"改为"确认 25 米内是否有移动着的车辆"。

答案 21
耀眼的钻石

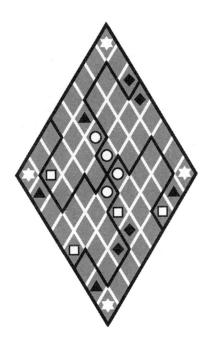

答案 22
日本旅馆

这是两个单词分别贴在一扇玻璃门的两面上。一面贴的是"Push",另一面贴的是"Pull"。

答案 23
加薪的诱惑

乍看上去,第一种方案似乎更划算。但实际上,应选择第二种。

第一种方案　　　　　（每年提高 500 元）

第一年	$10000 + 10000 = 20000$ 元
第二年	$10250 + 10250 = 20500$ 元
第三年	$10500 + 10500 = 21000$ 元
第四年	$10750 + 10750 = 21500$ 元

第二种方案　　　　　（每半年提高 125 元）

第一年	$10000 + 10125 = 20125$ 元
第二年	$10250 + 10375 = 20625$ 元
第三年	$10500 + 10625 = 21125$ 元
第四年	$10750 + 10875 = 21625$ 元

答案 24
手指问题

让我们先假设房间里有 240 根手指,则可能是 20 个外星人,每人 12 根手指;或者是 12 个外星人,每人 20 根手指。但这无法提供一

个惟一的答案，所以应去除所有能被分解为不同因数的数字。(即除质数和完全平方数以外的所有数)

现在考虑质数：可能会是 1 个外星人，每人有 229 个手指（但根据第一句话，不可能）；可能是 229 个外星人，每人有 1 个手指（但根据第二句话，不可能）。这样，又去除了所有质数，就只剩下平方数了。

在 200 和 300 之间符合条件的只有一个平方数，就是 289（17^2）。所以在房间里共有 17 位有着 17 个手指的外星人。

答案 25
择友篇

选 C 最中间的图案被抽提到原图形的最外面，再把原图给包出。

答案 26
酒桶鉴酒师

40 升的桶里装着啤酒。第一个顾客买走了一桶 30 升和一桶 36 升的葡萄酒，一共是 66 升。第二个顾客就要买 132 升葡萄酒——分别装在 32 升、38 升和 62 升的酒桶中。这样，就只剩下 40 升的那桶酒无人问津。因此，它肯定装着啤酒。

答案 27
鼠笼迷宫

因为 216 是偶数，所以在这个 6 × 6 × 6 的笼子里所谓的最中间的小室是不存在的。任务当然不能完成。

答案 28
纪念树

树	榆树	白腊树	山毛榉	酸橙树	白杨
种树人	比尔	吉姆	托尼	西尔威斯特	德斯蒙德
俱乐部	壁球	高尔夫	网球	保龄球	足球
鸟	猫头鹰	乌鸫	乌鸦	知更鸟	八哥
年份	1970	1971	1972	1973	1974

答案 29
银河系大会

M9 先生的夫人是 F10。做核分裂报告的丈夫是 M3。

男	M1	M3	M5	M9	M7
女	F8	F6	F4	F10	F2
议题	时光机旅行	核分裂	星际交通	读心术	反重力
飞船	超时空瞬移艇	银河运输舰	高振速飞碟	星云快船	航天母舰
特征	12 根手指	3 只眼	3 条腿	4 条胳膊	脚上有蹼

答案 30
手帕上的挑战

查理把手帕放在门的下面。当他们两人站好后,中间正好隔了一扇门。

答案 31
阿尔加威的聚会

集合地应在第 5 大道和第 4 大街交叉处的路口。

方法是先从大道角度看，取 7 人里处于中间位置的那个人所在的大道画线；再从大街角度看，同样取中间人所在的大街画线。两线的交叉处即为集合地。

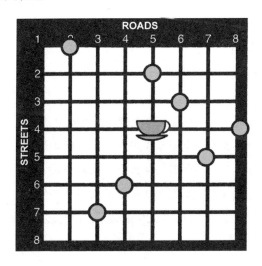

答案 32
碎片定位

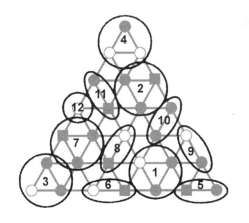

答案 33
贴瓷砖

选 B

观察每一行和每一列，每行从左至右或每列从上至下，第三个方形中的图案是前两个方形中图案叠加后，不重叠线条部分的组合。

答案 34
分粥里的学问

共有 2519 名囚犯

2519 人分成 3 人一桌需 839 张桌子，多余 2 个人；

2519 人分成 5 人一桌需 503 张桌子，多余 4 个人；

2519 人分成 7 人一桌需 359 张桌子，多余 6 个人；

2519 人分成 9 人一桌需 279 张桌子，多余 8 个人；

2519 人分成 11 人一桌需 229 张桌子，没有多余。

答案 35
圆圈的创新

选 A 观察每一行和每一列，每行从左至右或每列从上至下中的第三个正方形中的图案都是由另外两个正方形中的图案按下列规则叠合而成的：

1. 叠合后，如果该处只有一个圆圈，它将被保留

2. 叠合后，两个重叠的黑圆圈变为白色

3. 叠合后，两个重叠的白圆圈变为黑色

答案 36

猜数字

阿纳斯塔西娅说数字低于 500 显然是撒谎。因为首位数是 5、7 或 9 的任意三位数都大于 500。所以在 500 和 999 之间惟一一个既是平方数，又是立方数；而且首，末位数是 5、7 或 9 的数字只有 729。

答案 37

宠物狗秀

一条是比尔的，名叫安迪；一条是科林的，名叫唐纳德。

答案 38

俱乐部难题

2 人。假设所有 49 名女性成员都戴眼镜，则戴眼镜的男性成员就有 21 人。再假设这 21 人中有 11 人年龄小于 20，这样就只剩 10 名年龄不小于 20 岁且戴眼镜的男成员了。最后再减去 8 个入俱乐部不到 3 年的名额，就得出了符合条件的最小人数为 2。

答案 39

有章可循

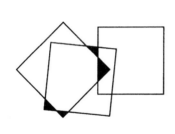
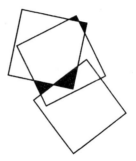

选 D

特征是在 3 个正方形的组合图中形成了 4 个三角形。

答案 40

轮盘赌

15

答案 41

谁更多

斯宾塞比唐纳德多剪了 3 棵树。

答案 42

年龄调查

3 人的年龄相乘一定是下列组合中的一种：	三人年龄相加应等于：
$72 \times 1 \times 1$	74
$36 \times 2 \times 1$	39
$18 \times 4 \times 1$	23
$9 \times 4 \times 2$	15
$9 \times 8 \times 1$	18
$6 \times 6 \times 2$	14
$8 \times 3 \times 3$	14
$12 \times 6 \times 1$	19
$12 \times 3 \times 2$	17
$18 \times 2 \times 2$	22
$6 \times 3 \times 4$	13
$3 \times 24 \times 1$	28

人口普查员造访时应该注意到了门牌号，但仍不知道年龄只可能是因为门牌号是 14。他需要更多的信息以决定到底应该采用 6、6、2 的组合还是 8、3、3 的组合。当听见这位妇女说"大女儿"时，他就知道应该是 8、3、3 了。

答案 43
线条的逻辑

选 E

被对应的图形是前两幅图叠合后，重合的线条被消去的结果。

答案 44
数字定位

2	14	10	7
9	6	1	4
16	3	13	11
12	8	5	15

规则如下：

1. 无论是水平线，垂直线还是斜对角线，任意两个连续的数字都不会出现在同一条线的方格内。

2. 连续的数字也不会出现在相邻的方格内。

答案 45
对号入座之二

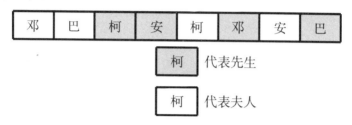

邓	巴	柯	安	柯	邓	安	巴

柯 代表先生

柯 代表夫人

答案 46
不速之客

选 E　A 和 C 互为镜像，B 和 D 也是如此。

答案 47
选课时间

安妮选了代数，历史，法语和日语。贝斯选了物理，英语，法语和日语。凯迪丝选了代数，物理，英语和历史。

答案 48
公平的分配

只需分 1 次（如图所示）。

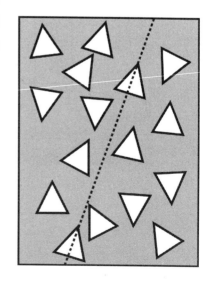

备注：只要求三角形的数目相等，形状不要求一样。

答案 49
名不符实

"马车夫"先生当上了牧羊人。

答案 50
名不随姓

3 人的全名分别是爱德华·彼得斯，罗伯特·爱德华兹和彼得·罗伯茨。彼得斯先生的名字一定是爱德华，因为最后说话的那个人承认自己叫罗伯特，而他又显然不是彼得斯先生。

答案 51
钟面拼图

$$11 + 12 + 1 + 2 = 26$$
$$10 + 3 + 9 + 4 = 26$$
$$5 + 6 + 7 + 8 = 26$$

答案 52
快乐教学

姓　　名	班级	理论知识课	体育课
爱丽丝	6	代数	壁球
贝蒂	2	生物	跑步
克莱拉	4	历史	游泳
桃瑞丝	3	地理	网球
伊丽莎白	5	化学	篮球

答案 53
向海员致敬

姓　名	军衔或职位	军　舰	港　口
帕金斯	乘务员	航空母舰	马耳他岛
沃德	水兵	巡洋舰	朴次茅斯港
曼宁	中校	潜艇	福克兰岛
迪沃斯特	军需官	护卫舰	直布罗陀岛
布兰迪	上校	海航战舰	克里特岛

答案 54
码头钓鱼人

	北		码头		南
姓名	乔	佛瑞德	狄克	亨利	马尔科姆
职业	银行家	电工	教授	水管工	推销员
来自（城市）	洛杉矶	奥兰多	图森	纽约	圣路易
鱼饵	蚯蚓	面包	蛆	小虾	玉米粒
鱼数	6	15	10	9	1

答案 55
胜者赢钱？

　　只要条件符合，这结果不是不可能的。吉姆一开始只有 8 美元，所以比尔即使 10 局全胜，顶多只能得 8 美元。但对吉姆则完全不同，如果他全胜的话，便可以大赚一把：从 8 美元到 12 美元，再是 18 美元，27 美元……而比尔的优势是即使少胜吉姆 2 盘，仍能小赚一把。输赢次序不影响最终结果。

局数	吉姆	吉姆有 8 美元
1	胜	12.00
2	负	6.00
3	负	3.00
4	胜	4.50
5	胜	6.75
6	负	3.38
7	胜	5.07
8	胜	7.60
9	胜	11.40
10	负	5.70 ＝比起开始，输了 2.30 美元

答案 56

不合群的出列

选 E　因为在其他正方形中，分割线两边的图案是对称的。

答案 57

慧眼识错

2A 出错。

答案 58
圆桌会议

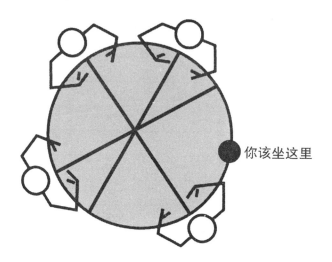

你该坐这里

　　在那 4 个人的正对面分别作上标记点。在相距最远的一对标记点间数出剩余的标记点数，你可以坐在剩余标记点间的任何一个位置。这个方法也可以用来解决其他类似的座位问题。

答案 59
提前下班后

　　走了 25 分钟。首先她丈夫一定和平时一样，在早于 6:30 的某一时刻从家出发去接他妻子。既然他们早到家 10 分钟，就意味着她丈夫少开了 10 分钟的路程，也就是说从遇见他妻子的地方开到车站再从车站返回遇见他妻子的地方需要 10 分钟时间。假定这段路来回时状况一样，即来回各需 5 分钟，那么她丈夫接她时比平时早了 5 分钟，即在 6:25 遇见妻子。而妻子是 6:00 到车站，6:25 遇见她丈夫，所以走了 25 分钟。

答案 60
父女情深

父　亲	女　儿	父亲年龄	女儿年龄
约翰	艾利森	52	20
凯文	戴安娜	53	19
莱恩	贝蒂	50	21
马尔科姆	伊夫	54	18
尼克	卡罗尔	51	17

答案 61
年龄上的算术题

格雷厄姆 9 岁，弗雷德里克 27 岁。27 的平方正好是 9 的立方 = 729。他们家门口有 18 格台阶，篱笆上有 36 条木栅栏，墙上有 243 块砖，加在一起正好是他们家的门牌号 297。

答案 62
空间夹角

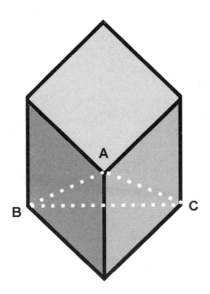

60°。当我们把第三条面对角线 BC 也画上去时，可以发现 AB ＝ BC ＝ AC（因为正方体的面对角线长度相等），所以 △ABC 是等边三角形。所以 ∠BAC ＝ 60°。

答案 63
啤酒爱好者

18 天。如果一个男子 27 天喝完一桶啤酒，每天就得喝 0.037 桶。同样地，一个女子每天要喝 0.0185 桶啤酒才能在 54 天内喝完。但两人加起来，一天就能喝 0.0555 桶啤酒。在这种情况下，他们喝完一桶啤酒只要 18.018 天。

答案 64
变化中的变化

选 C　在每一行和每一列的"波浪条纹"中都会出现一次竖条纹和一次黑条纹。再有条纹中的三角形一次出现在左边，一次在右边，还有一次在下边。圆形也和它有类似的重复。

答案 65
手枪交易

首先两人卖牛所得的钱数一定是个平方数。另外购买的绵羊总数一定是奇数（因为分到最后只剩一只）。由于绵羊是 10 美元一头，所以那个平方数的十位数也一定是奇数。而如果这样的话，平方数的个位就只能是"6"。例如 256 就是这样一个数：相当于卖了 16 头牛，每头 16 美元；又买了 25 头 10 美元的绵羊和 1 头 6 美元的山羊。由于平方数的末位只能是 6，也就意味着山羊的单价只能是 6 美元，不管之前买了多少头绵羊。比尔最后为了平衡双方的利益，让给丹一头山羊，再加送一把手枪来换取一头绵羊。由于送手枪的同时自己也损失了一把枪的钱，所以枪的价值应等于山羊和绵羊价钱之差的一半——2美元。

答案 66
丢失的数字之二

这个矩阵中出现的数字也代表了它一共出现的次数。例如矩阵中应包含1个1，2个2，3个3……7个7，8个8。所以丢失的数字是2，7，8，8。并且两个相同的数字不相邻，这样每个数字都能定位了。

答案 67
来福枪打靶

"芥末泥"少校射中了靶心。根据靶纸上的点列出所有结果等于71环的可能组合。一共可得到三种排列方法：25、20、20、3、2、1；25、20、10、10、5、1和50、10、5、3、2、1。第一组排列是上校的得分（因为其他两组不可能出现两枪得到22环的组合）；第三组排列是少校的（我们知道他第一枪打了3环，所以组合中必须出现3环）。因此50环是少校的，是少校射中了靶心。

答案 68
缺了什么

选C

3号六边形是1号与2号六边形叠合后的产物，5号六边形则是1

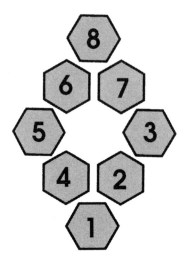

号与4号六边形叠合后的产物。

由此可见，如果将这组六边形环分成左右两条链，3号与5号里的图案是分别由它们各自所在链的下面两幅图自下而上融合而成的。根据这条规律，最顶上的六边形作为两条链的汇聚点，其里面的图案也应该是左右两链共同构成的，即是3，5，6，7号六边形共同汇聚的结果。

答案 69

摩天楼里的麻烦

原因是这位女士住在27层。电梯只要在36层到28层中，对她来说由于是在她上面，所以下到她那层时便都是往下的，36到28一共有9层，所以向下的概率是9/36；而从第1层到第27层，无论电梯在哪一层到她那儿时都是往上的，所以向上的概率是27/36。因此上楼与下楼的概率比是3:1。

答案 70

黑白球

有3/4的概率确保两球中有一个是黑球。先来看一看所有可能取出来的球的组合：黑色—黑色；白色—黑色；黑色—白色和白色—白色。只有第四种情况没有黑球。所以至少有一个黑色的球的概率是3/4。

答案 71

鸽子运输车

行不通。鸽子们即使在飞的同时，体重仍是不变的。那些正在飞的鸽子的确替卡车减轻了负担；但是当它们落到卡车上时，增加的重量会大于它们静止时产生的压力。所以两者互相抵消，卡车的总重维持不变。

答案 72

招待员的逻辑

因为第一个人给的是 1 张 1 美元的纸币；而第二个人给的是 3 个 25 美分，2 个 10 美分和 1 个 5 美分的硬币，总和为 1 美元。如果他要的是 90 美分的啤酒，他可以直接给招待员 90 美分。

答案 73

暗藏玄机的大钟

选 A　最左面那面钟的分针逆时针转过 10 分钟的刻度，即为第二面钟分针的指向；再转 20 分钟的刻度，即为第三面钟分针的指向；所以可以预见第四面钟分针的指向一定是在第三面的基础上再逆时针转 30 分针刻度后停在的位置。类似地，我们还可以发现时针的规律是顺时针转 1 小时的刻度构成第二面钟时针的指向；再转 2 小时的刻度即为第三面；所以同理第四面钟的时针是在第三面的基础上再顺时针转 3 小时的刻度。最终可以确定为 A 选项。

答案 74

百老汇的公交车

按图所示，由于那人是看不见车门的，所以门应在另一边（靠近路沿的一边）。而且是在纽约，那车一定是朝 A 的方向开。

答案 75

"水位"测量

按如图所示的方法倾斜正方体容器，只让它的一条底边贴在桌面上。在确保水不流出的情况下：

如果水面淹过了另一条底边，则说明水量超过了一半；

如果水面刚巧到达另一底边，则说明水量正好是一半；

如果水面在另一条底边下方，则说明水量未到一半。

答案 76

丢失的数字

1. 上图中的第一条数字条告诉我们：$7 \times 4 \times 8 \times 8 \times 2 = 3584$
所以同样地会有：$3 \times 5 \times 8 \times 4 = 480$
用同样的办法可以得出第二条缺的数是 2268，第三条缺的数是 2688 与 768。

2. 下图中的规律略有不同，见第一条：$58 \times 2 = 116$
所以根据新规律，得出所缺数的办法是 $16 \times 1 = 16$
用同样的办法可以得出第二条缺的数是 657，第三条缺的数是 162 和 72。

答案 77
穿街走巷

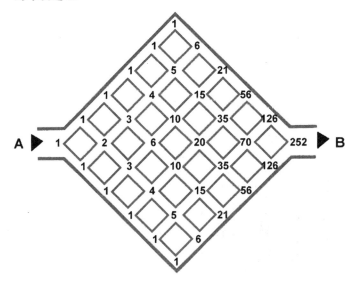

共有 252 种选择。十字路口的数字代表从 A 点到该处所有可选择路线的条数。

答案 78
"瞻"星术

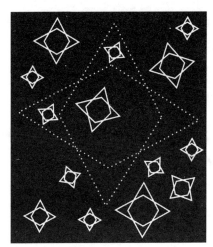

答案 79
金字塔阵

选 D

从倒数第二层开始，每一个圆都是由位于它下一层的左右两圆叠合而成。但只显示不重合的线条。

答案 80
转圈圈

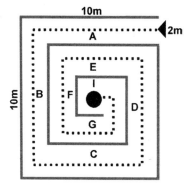

走了 49 米。

A = 9 米，B = 8 米，C = 8 米，D = 6 米，E = 6 米，F = 4 米，G = 4 米，H = 2 米，I = 2 米

总共 = 49 米

答案 81
门牌号的小游戏

一个四位数如果是由 1，4，6，7 这 4 个数字组成的话，总是能被 9 和 3 整除的。假使你只想到这一层，那么这两个问题看似都解决不了了。然而当把 6 倒过来换成 9 时，一个由 1，4，7，9 组成的四位数就不可能被 9 整除了，但被 3 整除还是无法改变的。

答案 82
骰子谜题

选 3

答案 83
择友篇之二

选 A

因为后一张图只是前一张的翻转，即图像的前面转到后面，后面转到前面。

答案 84
滑雪缆车

90 种。每 1 个站都需要去其他 9 个站的 9 种不同的票，10 个站就是 90 种。

答案 85
天空之旅

飞行员	机　　场	目的地
迈克	希思罗机场	肯尼迪机场，纽约
尼克	盖特维克机场	温哥华
保罗	加的夫机场	柏林
罗宾	曼彻斯特机场	罗马
托尼	斯坦斯特机场	尼斯港

答案 86
闪动的方块

J 处选 4，N 处选 6。规律在黑色小方块的排列上。按字母顺序，它们会一个个由右至左地从上往下排，直到全部进入下一层后，再由右至左地一个个往上排。然而当一种排列之前出现过时，它不会再一次出现。如果按顺序轮到它，它会被省去，取而代之的是下一个未曾出现过的排列。

答案 87
晚餐会

切斯特夫妇

答案 88
另类计算

结果等于 8679。将算式倒过来看就可以了。

答案 89
金字塔阵之二

选 E　从倒数第二层开始，每一个图案都由位于它下一层的左右两图案确定。特定的组合产生特定的图案。图案公式如下：

所以 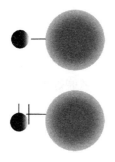 + ♣ 是一个新的组合，产生的图案也一定是全新的。在所有选项中，只有♣是新出现的，所以只能选它。

答案 90
数列

选 D　规律是每次把原数列中最小的数字抽提出，然后把该数列倒过来即为新的数列。

答案 91
日光

山谷应位于赤道或者靠近赤道处。到太阳的距离之所以会变化是由地球的自转引起的。

答案 92
带阴影的方形拼图

选 C

规律是前一块拼图顺时针旋转 90° 即为下一块拼图的摆法；其中的阴影部分则每次顺时针地移动到下一个部件上。

答案 93
年龄与代沟

我今年 40 岁，我女儿 10 岁。

答案 94
猜数字

填 24。在第一个圆中，我们发现如果把 56 和 79 相加再除以 5，得数正好是第三个数 27。同样的规律也应发生在剩下的两圆中。

答案 95
棋盘外的战略

选择方案一（专业级，业余级，专业级），得奖概率会更高。因为对业余级选手的那场是必胜的，所以这种方案给了他两次机会——只要能击败剩下两个专业级对手中的任何一个，他就能得奖。

答案 96
孤家寡人

选 E

因为其他图形都是中心对称的，即绕对称中心旋转 180° 后，原图不变。

答案 97
刮刮卡

因为卡上空白方格的数目不但无法得出，而且与输赢无关，所以不予考虑。输赢的比率总是 2∶1。

答案 98
青蛙捕蝇

29 只青蛙。

答案 99
横向逻辑

选 B

图中有 3 种规格的矩形，分别以 a，b，c 表示。在第 2 幅到第 5 幅图中，矩形 a 以每次移一位置的速度从左到右移动了 3 个位置，接下来将轮到矩形 b 做同样的事情了。

答案 100
似是而非

填 12

从下面那排的第 2 个数 27 开始，该排的每一个数都等于它左面和左上两个数的组成数字之和。例如：27 对应的两个数为 72 和 99，$7 + 2 + 9 + 9 = 27$。

答案 101
数字拼图

应填 4。在第一个五边形中有：$5 \times 5 \times 125 = 3125$（$5^5$）。在第二个五边形中则是：$3 \times 9 \times 9 = 243$（$3^5$）。所以第三个五边形中应该出现：$16 \times 8 \times 8 = 1024$（$4^5$）。

答案 102
鸟犬同笼

　　44 只。2 条腿的企鹅 44 只加上 4 条腿的爱斯基摩犬 28 只，可得出两种动物总数为 72，总腿数为 200。

答案 103
十八棵树

方案 1

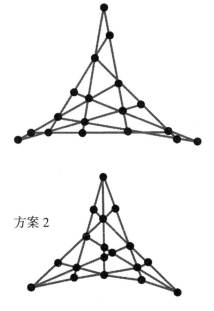

方案 2

　　每种方案都是 9 条直线。

答案 104

嘉年华的盛会

姓　名	年龄	所坐设施	喜爱的零食
萨姆	14	碰碰车	热狗
乔	11	过山车	油炸薯条
唐	12	旋转木马	棉花糖
岚	15	鳄鱼船	口香糖
罗恩	13	摩天轮	冰激凌

答案 105

一分为二

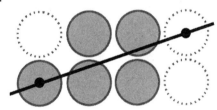

答案 106

择友篇之三

　　选 B　第二张图（即要找的那张）可以认为是将前一张图向下翻折 180° 后的结果。

答案 107

登陆小岛

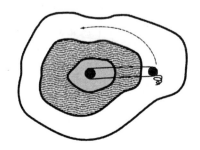

那人先将绳子的一头绑在湖畔陆地上的树上，然后拉着绳子绕湖走一圈。当他走到一半时，绳子就会自动缠绕在岛中央的树上。等他回到起点，再将绳子的另一头也绑在刚才绑过的那棵树上，路就架好了。接下去他只要攀着绳子就能直达岛上。

答案 108
数字魔方

应填 33。将对角线的两数相乘得到两个积，两积中较大的那个减去较小的那个，得数即为中心数。

$$(13 \times 5) - (8 \times 4) = 33$$

答案 109
慧眼识错之二

2C 出错。

答案 110
万花筒

选 C

条纹区和黑带区是有规律性地移动的：条纹区先逆时针转两个区带进入第二幅图；再顺时针转一个区带进入第三幅图，依此类推。黑带区则是先顺时针转两个区带进入第二幅图；再逆时针转一个区带进入第三幅图，同样以此类推下去。结果第五幅图就是 C。

答案 111
万花筒之二

选 D

图案从左到右，里面的大小白圆每次绕镜筒中心旋转 180°，黑圆每次顺时针转 90°，黑点每次转 180°。

答案 112
等式变换

改为 $7^2 = 49$。原等式中，6 倒过来变成 9，2 变成 7 上的平方数。

答案 113
不速之客之二

选 B

A 和 F 中的图案其实是一样的，另外两对组合 C 和 D，E 和 G 也是如此。

答案 114
爱鸟人士

姓 名	国 家	鸟 名	集合名词
艾伯特	比利时	猫头鹰	国会
罗杰	法国	乌鸦	谋杀
哈罗德	德国	渡鸦	无情
卡梅伦	苏格兰	鸸鸟	羽翼
爱德华	英格兰	八哥	低吟

答案 115

依样画葫芦

选 F

每一行和每一列中的第 3 个圆都由该行或该列的前两个圆叠合而成，只是不显示重叠的部分。

答案 116

金字塔阵之三

选 E

从倒数第二层开始，每一个六边形都是由位于它下一层的左右两个六边形叠合而成。但只显示不重合的线条。

答案 117

万花筒之三

选 D

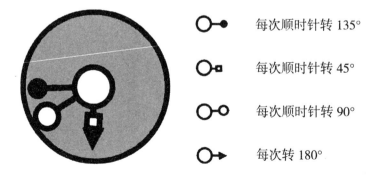

答案 118
家居生活

名　字	姓　氏	房　间	家居用品
凯莉	丁格尔	暖气房	电脑
艾米	威廉姆斯	卧室	电视
克莱拉	葛理斯	客厅	音响设备
罗珊	辛普森	厨房	电话
米歇尔	普林格尔	书房	书架

答案 119
三方块组合

　　选 B　构成该体系组合的小方块数共有 4 种，如下标记为 a，b，c，d。因为原体系中三个组合的小方块类别分别为 abc；abd 和 bcd，所以缺少的那个组合的小方块类别应该是 acd（省去 b）。

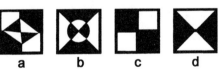

a　　b　　c　　d

答案 120
金字塔的线索

　　选 D

　　从倒数第二层开始，每一个圆都是位于它下一层的左右两圆的重合部分。

答案 121
数字转盘

是 20。规律为从 10 开始，顺时针跳过一个数字后加上 1；再顺时针跳过一个数字后加上 2；再跳过一个数字后加上 3……之后的依此类推。

答案 122
三角组合

最顶上的数字由中央数除以 5 得到。把组成中央数的两个数字加起来等于左下角出现的数。把中央数的个位与十位互换，再把互换的结果除以 3，得数即为右下角的数。

答案 123
慧眼识错之三

3A 出错。

答案 124
诡异的数列

是 1。

如果你尚不清楚，请把题目所在页对着镜子看，是不是看到了按顺序出现的 1，2，3，4，5？

答案 125
棍子游戏

把两根较短的棍头与尾对接，再去和最长的短棍比较，如果对接后的长度超过了那根最长的短棍，则说明这三截短棍可以组成三角形。

答案 126
奇幻数字之二

3 个数一组，要求每组数之和为 1000

$457 + 168 + 375 = 1000$

$532 + 217 + 251 = 1000$

$349 + 218 + 433 = 1000$

$713 + 106 + 181 = 1000$

答案 127
不速之客之三

选 B

B 选项为一个曲线图包含一个直线图，其他选项正好相反。

答案 128
跳舞的圆圈

选 D

小圆的舞步是先右移两格进入下一幅图，再左移一格进入第三幅图，之后的依此类推。类似地有：中圆的舞步是先左移一格，再右移两格；大圆则是先右移一格，再左移两格。

答案 129
圆圈里的交汇之二

选 B

答案 130
大小圆圈

选 C　注意 A 和 E，B 和 D。A，E 中的圆位置一样，只是大小上互换了一下，B 和 D 也是如此。

答案 131
神奇的瓷砖

把书倒过来看，你会发现数字显示在瓷砖间。

答案 132
摸彩球

概率为 1 / 5。将两红球按 1，2 编号以示区别。摸出两球的所有可能组合如下所示：共 6 种。

1. 红球 1 号 / 红球 2 号

2. 红球 1 号 / 白球

3. 红球 1 号 / 黑球

4. 红球 2 号 / 白球

5. 红球 2 号 / 黑球

6. 黑球 / 白球

由于那人已说明有 1 球为红球，所以在排除第 6 种可能的情况下，两个都是红球的概率就是 1 / 5。

答案 133
叠罗汉
顺序为 A → D → G → H → F → B → E → C

答案 134
多米诺骨牌

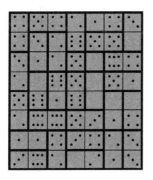

答案 135
黑白配
选 D　规律是当某一颜色的三角形在外围四圆的同一位置出现过 3 次时，该颜色的三角形一定会被转到的中心圆的同一位置。

答案 136
循序渐进
选 B　将大矩形按从左至右的顺序编号为 1，2，3。我们能看到每个大矩形都是由 8 个不同花色的小方块组成的，按这些小方块所处的位置编号（如下图所示）。

递变规律为：矩形 1 到矩形 2 时，方块 1，2 开始互换；矩形 2 到矩形 3 时，方块 3，4 开始互换。因此在矩形 3 到矩形 4 时，方块 5，6 应互换。值得注意的是：任何一对互换过位置的小方块在进入下一个新矩形时，它们的位置仍旧会互换一次。

答案 137
神秘谋杀案
凶手是厄尼·布莱克

答案 138
爱车一族

姓　名	出厂时间	车内装饰	车外喷漆
查理	1995	皮革	白色
吉姆	1992	米色布	黑色
比尔	1994	棕色布	蓝色
弗瑞德	1993	格子呢	黑色
哈里	1991	条纹布	红色

答案 139
各得其"所"

名 字	姓 氏	居所名称	房门颜色
梅布尔	斯蒂文	玫瑰小屋	蓝色
桃乐茜	希尔	高山别墅	红色
格蕾斯	沙利文	流水别墅	白色
特蕾西	彼得斯	河岸别墅	黑色
佩吉	瑞芙尔	白石公寓	绿色
谢丽尔	蒙比	大宅院	橙色

答案 140
改头换面

选 C 首先是正方形变成圆圈。其次是内部的元件位置不变，但颜色深浅互换。

答案 141
二色谜题

选 A 规律是中间交叉与顶端交叉相对应，另外同一部分的深浅颜色互换。

答案 142
画图"点睛"

选 D 点的分布规律是：一个只在圆中；另一个既在三角中又在方块中。

答案 143
花式卡片

要翻 2 张：分别是左起第 1 和第 3 张。

很多人或许想到的是第 1 和第 4 张，但那是不对的。不过第 1 张是一定要翻的，因为如果翻出的另一面是三角形，则符合我们假设的结论；如果不是，那我们的假设就不成立。第 2 张不必翻，这是显然的。接下去翻第 4 张的人可能会想：如果第 1 张的结果是三角形，而第 4 张的另一面又是全黑的话，假设的结论就可以成立了。实则不然，因为即使第 4 张的另一面是全白的，对于我们的假设也丝毫没有影响。但如果第 3 张的另一面是全黑的话，我们的假设就不攻自破了。所以接下去应该被翻的是第 3 张才对。

答案 144
赌场的筹码

27 美元。

答案 145
圆圈里的规律

选 B

规律是从左至右：顶上的圆与中间的鱼雷形图案逐渐变小；底下的曲边矩形和中心圆逐渐变大；右手边的圆只在两种颜色间变化。

答案 146
宝物守护者

守护者	藏宝地	外貌	宝物
侏儒	挪威	凶神恶煞	钻石
女妖	威尔士	蓬头垢面	黄金
巨人	苏格兰	阴沉着脸	红宝石
小精灵	爱尔兰	古灵精怪	翡翠
小鬼	英格兰	奇丑无比	白银

答案 147
长统袜

至少拿 37 只。因为最糟糕的可能是在拿出了所有的 21 只蓝袜子与 14 只条纹袜子后，才拿到 2 只黑色的长统袜。

答案 148
美式橄榄球

姓　名	队　　名	战术位置	T恤颜色
大卫	绿湾包装工队	四分卫	黄色
克劳德	达拉斯牛仔队	内边锋	蓝色
维克托	克利夫兰布朗队	进攻后卫	红色
塞缪尔	奥克兰袭击者	防御后卫	黑色
比尔	卡罗莱纳黑豹队	罚球手	紫色

答案 149
钻石切割术

答案 150
天平配对

选 D　在样图中，原图天平两端的小圆组成新图的外框——一个大圆。原图剩下的部分——天平加三角，进入新图的外框中。另外原图和新图的颜色深浅正好相反。

同样地在题目中，原图天平两端的小方块组成新图大方块的外框，剩下的天平加圆圈进入新图的方形外框中，最后两图颜色深浅反一下即可。

草稿区

草稿区

草稿区

草稿区